高等职业教育"十二五"规划教材
立信精品教材

财务人员职业素养

主　编　姚传超
副主编　王娓娓　沈　政
参　编　王亚莉　王嘉博
　　　　郭　毅　刘晓雪
　　　　罗　铮　郎　超

图书在版编目(CIP)数据

财务人员职业素养/姚传超主编. —上海：立信会计出版社,2015.8(2021.8重印)

高等职业教育"十二五"规划教材立信精品教材

ISBN 978-7-5429-4769-7

Ⅰ.①财… Ⅱ.①姚… Ⅲ.①财经纪律—高等职业教育—教材 Ⅳ.①F233

中国版本图书馆CIP数据核字(2015)第220006号

责任编辑　陈　旻
封面设计　周崇文

财务人员职业素养
CAIWU RENYUAN ZHIYE SUYANG

出版发行	立信会计出版社
地　　址	上海市中山西路2230号　邮政编码　200235
电　　话	(021)64411389　传　真　(021)64411325
网　　址	www.lixinaph.com　电子邮箱　lixinaph2019@126.com
网上书店	http://lixin.jd.com　http://lxkjcbs.tmall.com
经　　销	各地新华书店
印　　刷	苏州市古得堡数码印刷有限公司
开　　本	787毫米×1 092毫米　1/16
印　　张	9.25
字　　数	220千字
版　　次	2015年8月第1版
印　　次	2021年8月第4次
书　　号	ISBN 978-7-5429-4769-7/F
定　　价	35.00元

如有印订差错,请与本社联系调换

前　言

当今在我国经济快速发展的大背景下,各大企业也在迅猛发展。随着我国新《企业会计准则》的施行,会计国际化进程的加快,企业对于财务人员职业素质的要求越来越高,新形势下财务人员面临全新的挑战。财务人员管理水平的提高在某种程度上决定了企业生存空间的扩大,深化企业财务管理对于提高企业经济效益意义重大。为了适应新时代的发展需求,切实提升会计专业高职毕业生就业质量,满足现代企业对会计专业学生可持续发展能力要求,使刚刚毕业的学生顺利走上财务岗位,发展成为一名优秀财务人员,我们特编写了本书。希望本书有助于开阔财务人员的视野,提升他们的职业素养,使其能更好地履行财务岗位的职责,较好地胜任财务工作。

《财务人员职业素养》共五章,包括财务人员服务礼仪、组织纪律、职业道德、业务素质、企业文化等内容,涵盖了从着装、举止、行业用语,到严格遵守单位作息制度,严禁向客户借款、收取、索要回扣等基本行业规范,以及爱岗敬业、诚实守信、循章办事、客观公正等行业道德,指导行业人员进入职场应具备的基本素质,为财务人员提供了随时需要的、实用可行的建议。

教材具有以下特点:

(1) 本书填补了职业教育在财务人员工作规范方面的空白,将学术性与实用性、现实性与前瞻性、理论性与实践性有效结合,具有行业针对性、规范性和指导性。

(2) 本书内容翔实,实用性强,适用对象广泛,运用大量实际案例指导财务人员日常工作,充分涵盖财务人员应具备的综合素质和业务素质。

(3) 本书既可用于财务专业日常教学用教材,成为财务专业学生必修课程,也可用于企事业单位各领域财务人员规范、晋升指导用书。

《财务人员职业素养》由天津商务职业学院会计学院院长于强教授策划并提出选题,旨在解决目前高职教学中,强调技能训练,而忽视加强财务人员职业素养的问题,真正实现职业教育和就业教育并重。本书主编姚传超老师具有丰富的专业教学经验和企业实践经验,他将多年的教学和实践案例进行提炼总结。

本书在编写过程中,得到维度金融外包服务有限公司、天津市汇德益众财务咨询有限公司等企业的大力支持和帮助,行业领域的杰出人员、基层工作者参与教材的编写,以实际经历分享工作经验,切实推动产教融合与校企合作常态化。

编　者

目 录

第一章　财务人员服务礼仪 ... 1
- 第一节　财务人员着装、举止 ... 2
- 第二节　财务人员工作规范用语与接待 ... 12
- 第三节　财务人员工作礼仪 ... 19
- 第四节　精神文明与工作和谐 ... 26

第二章　组织纪律 ... 34
- 第一节　组织纪律概念及作用 ... 35
- 第二节　财务人员职业操守、工作规范和纪律守则 ... 38
- 第三节　财务人员道德纪律 ... 45

第三章　职业道德篇 ... 56
- 第一节　会计职业道德概述 ... 57
- 第二节　会计职业道德与会计法律制度 ... 59
- 第三节　爱岗敬业 ... 62
- 第四节　诚实守信 ... 64
- 第五节　廉洁自律 ... 67
- 第六节　熟悉制度 ... 69
- 第七节　循章办事 ... 70
- 第八节　客观公正 ... 72
- 第九节　优质服务 ... 74

第十节　保守秘密 ··· 77

第四章　业务素质篇 ··· 83
　　第一节　工作态度 ··· 84
　　第二节　财务人员相关法律、法规、政策 ··· 88
　　第三节　财务人员应具备的能力 ··· 89
　　第四节　财务工作流程 ··· 96

第五章　了解并融入企业文化 ··· 103
　　第一节　企业概述及主要特征 ·· 104
　　第二节　关于文化与企业文化 ·· 106
　　第三节　企业文化建设 ··· 109
　　第四节　企业文化变革 ··· 112
　　第五节　跨文化管理 ·· 115

附录一　中华人民共和国会计法 ··· 121
附录二　会计从业资格管理办法 ··· 128
附录三　中华人民共和国个人所得税法 ·· 133
附录四　企业会计准则——基本准则 ·· 136

第一章
财务人员服务礼仪

本章综述

中华是礼仪之邦,以礼安邦,以礼治邦。人有礼则安,无礼则危。礼仪常识对于上班族不可不知,财务人员尤其应知道交往礼仪,做到彬彬有礼。现在的财务工作早已不是坐在办公桌前闭门造账,而是涉及很多外部联系,如与银行、税务、工商、审计等部门的沟通等。掌握必要的服务礼仪,是财务人员从事工作的基本素质。专业的工作礼仪,不仅体现出优秀的个人职业修养,也是企业规范管理、高服务水准的体现。本章重点是对财务人员着装举止、工作规范用语、日常接待等方面的阐释,通过本章的学习,了解财务人员工作基本礼仪规范及培养方法,并以此对学生进行训练,要求学生在日常生活中培养良好的个人礼仪,外树形象,内强素质,内外兼修。

知识要点

财务人员着装举止

工作规范用语与接待

工作礼仪与规范

精神文明与工作和谐

第一节　财务人员着装、举止

案例导入一

某大学毕业生参加一家公司财务人员的面试,该名同学已经取得会计职业资格证书,在校期间也多次在各种技能大赛中获奖,面试当天,为了增加面试成功率,特意打扮了一番,并穿着一条迷你裙,结果,当她进入面试现场后,主考官三个人互相对视,然后直接让她出去等通知,可想而知面试成功几率很小。

案例导入二

肃静的会议室中,中方公司与外方公司正在进行业务谈判,作为中方公司秘书的薛小姐今天穿着非常休闲:一件胸前印有图案的T恤衫,蓝色的牛仔裤,白色的旅游鞋。负责送茶水的助理秘书李小姐戴着闪闪发光的耳环,手镯晃来晃去,高跟鞋叮叮作响。每当她进来送水,会议都不得不停歇片刻。外国客人通过翻译开了个玩笑:"这个小姐应该去参加选美。"

案例导入三

有位女职员是财税专家,她有很好的学历背景,常能为客户提供很好的建议,在公司里的表现一直很出色。但当她到客户的公司提供服务时,对方主管却不太注重她的建议,她发挥才能的机会也就不大了。一位时装大师发现这位财税专家在着装方面有明显的缺憾:她26岁,身高147厘米、体重43公斤,看起来机敏可爱,喜穿童装,像个小女孩,其外表与她所从事的工作相距甚远。所以,客户对于她提出的建议缺少安全、依赖感,令她难以实现自己的创意。这位时装大师建议她用服装来强调其学者专家的气势,用深色的套装,对比色的上衣、丝巾、镶边帽子来搭配,甚至戴上重黑边的眼镜。女财税专家照办了,结果,客户的态度有了较大的转变。

心理学家曾做过这样一个有趣的实验:把10张小女孩的照片给受测试者看,其中容貌漂亮、穿着讲究的有7名,另外3名衣着不入时,有点寒酸。10人中有一个是小偷。经过测试,80%的受访者都认为小偷在那3名穿着寒酸的人之中。这种现象心理学家称为"心理定势"。这种定势告诉人们,人的偏见相当强烈,第一印象非常重要。

一个人的仪表在社会生活中是构成第一印象的主要因素,你的仪表会影响一个人对你的专业能力和任职资格的判断。调查结果显示,第一印象中,55%来自于你的外表,包括你的衣着、发型等;38%来自于一个人的仪态,包括你举手投足之间传达出来的气质,说话的声音、语调等;而只有7%来源于简单交谈的内容。由此可见,第一印象中93%来自于你的外表形象,所以塑造一个专业友好的职业形象是成功的第一步。正确穿着职业服装不仅是对服务对象的尊重,也使着装者有从业自豪感、责任感,是敬业乐业在服饰上的具体体现。

下面,本节将从工作着装和服务礼仪两方面,对财务人员着装举止进行具体阐释。

一、工作着装

(一) 着装全攻略

1. 全面了解自己

了解自己的内在心理特征、气质以及五官、脸型、体形、肤色等外在的优缺点。结合实际,扬长避短。

2. 树立信心、展现魅力

以轻松的态度来尝试为自己转换不同的造型,可先从一两件衬衣、裙子开始,通过不断验证,树立信心,积累经验。

3. 学会买衣穿衣

有一个好的形象,并不一定要花很多的钱,不是便宜的东西穿在身上就没有"个人形象",应该学会用最适合自己的价钱去买到最舒服的衣服。

4. 服装色彩巧妙搭配

没有不美的颜色,只有不美的搭配,服装色彩的搭配是有一定审美要求的。所以,在选择服装颜色时,应根据自身的特点加以选择。色彩和谐的服装能使人在公众面前反映出自己的心理追求和精神风貌。

(二) 着装原则

作为一名会计人员,首先在形象上,必须符合身份,扬长避短,遵守惯例,而又有所特色。最重要的原则是"TOP 原则",即着装必须符合时间、地点、场合或者目的,不能随性搭配。例如公务场合,要穿制服或者套装,里面选择合适的衬衫,袖口处衬衫一般要露出一至两指宽;社交场合则要彰显时尚、个性,可以穿时装或者礼服;而休闲场合则力求随意、舒适,可以选择休闲装、牛仔装、沙滩装和运动装等。其次是颜色原则,少于三色,根据自己的喜好搭配颜色。如果想给人冷静、理性、可靠的感觉,可以选择蓝色系;如果想给人易于相处、阳光快乐的印象,可以选择绿色、黄色系;当需要别人爱护、表现自己可爱时,可以选择粉红色。颜色搭配上,主要是对比色、协调色。一般来说,每个人都有一种比较偏向的色调,比如冬夏冷色调的人适合搭银饰类及蓝紫色素多的衣服,春秋暖色调的人适合搭金色饰品及黄红色素多的衣服。判断自己的方法可以直接在自然光下看,理论上,脸中有两种色素,鹅黄素多的属于春季色,不搭配灰色服装;脸中血红素多的属于冷色调。或者可以在自然光下,分别用金色和银色饰品放于脸旁,观察哪种更适合自己。选择颜色还要遵循和谐原则,即有主色调,几种颜色之间和谐统一,富有美感,不杂乱。此外,还要符合人的社会属性及自然属性原则。社会属性即与一个人的职业、社会地位、文化修养相适应;自然属性即与人的年龄、体型、肤色、发型相和谐。如对于一位中年女主管,就不宜用特别鲜艳的服饰装扮,对于一个初出茅庐的新人就不宜经常穿着比上司还高档的衣服。

对于男士来说,最正式的西服颜色为藏蓝色,其他的通用场合有灰色等套装。一般最下面的扣不系,只系上面的两个或一个,坐下后一般要全解开,以防产生褶皱。衬衫打领带时最上面的扣系上,不打领带休闲时不系最上面的扣。对于女士来说,最正式的西服是黑色上衣,卡其色下衣(注意:男士则恰恰相反,卡其色裤子是最休闲的),其他场合也可以穿浅灰、白或深蓝色。裙装比裤装更正式。丝袜可以根据服装的色调选择黑色或肉色,正式的场合丝袜必须是纯色,不能有任何花纹。男女正装各种衣服色彩搭配,如表1-1所示。

表1-1　　　　　　　　　　　男女正装各种衣服色彩搭配

项　　目	Lady	Gentleman	Lady and Gentleman
西装套装	黑、灰、深灰、深蓝	蓝、蓝暗纹、深蓝、深灰	
长袖衬衫	浅粉(5件—每天换)	白、浅蓝、细条纹或纯色(5~8件)	
裤子	卡其色、黑、灰、深灰	黑、灰、深灰	
外套上衣	黑	深蓝	
鞋	黑、白、深灰	黑、深棕	
腰带	黑、白	黑、深棕	
包	深棕、黑		
领带		绛红、蓝、深灰(纯色或有暗纹)	
手表			薄表盘、皮带或银金色金属带
风衣大衣			卡其色(毛呢、合成)

(三) 着装要求

1. 工作制服的穿着礼仪

穿工作制服不仅是对服务对象的尊重,同时也使着装者有一种职业自豪感、责任感,是敬业、乐业在服饰上的具体表现。财务人员作为职业人员,应遵循职业装穿着的基本要求:整齐、清洁、挺括、大方。整齐:服装必须合身,袖长至手腕,裤长至脚面,裙长过膝盖,尤其是内衣不能外露;衬衫领围以插入一指大小为宜,裤裙的腰围以插入五指为宜。不挽袖,不卷裤,不漏扣,不掉扣;领带、领结、飘带与衬衫领口的吻合要紧凑且不系歪;如有工号牌或标志牌,要佩戴在左胸正上方,有的岗位还要戴好帽子与手套。清洁:衣裤无污垢、无油渍、无异味,领口与袖口尤其要保持平整,裤线笔挺。大方:款式简练、高雅,线条自然流畅,便于岗位接待服务。

2. 休闲服装的穿着礼仪

休闲服装是指在休闲场合所穿的服装。所谓休闲场合,就是人们在公务、工作外,置身于闲暇地点进行休闲活动的时间与空间。如居家、健身、娱乐、逛街、旅游等都属于休闲活动。穿着休闲服装,追求的是舒适、方便、自然,给人以无拘无束的感觉。这是适用于休闲场合穿着的服装款式,一般有家居装、牛仔装、运动装、沙滩装、夹克衫、T恤衫等。

3. 特定场合的着装

一些场合的着装有自己特定的要求,如参加晚宴、庆典等需着礼服。女士的礼服有长款和短款两种,长款适合于比较正式的场合,而短款则适合于小型鸡尾酒会等。男士穿着:普通礼服配领带,翼领衬衫配领结,且西服左侧口袋放口袋巾也较正式(口袋巾折法:先叠成长方形,再叠成正方形,然后将折到一起的两个角错开一点,然后挤握下方塞进口袋)。衬衫与西服一定要合身,两者的长度以将手向前抬平,以衬衫袖露出西服两个指头宽度的距离为宜。男装的衬衫领子不能翻露在外面,而女士的完全根据领型的美观而定。法式衬衫一般需要使用专门的袖扣将其折叠固定。皮鞋选取系鞋带的比较正式。注意:夏天即使热也绝对不能穿凉鞋出席。皮带的选择需要与裤子相配套,扎孔、环扣的适合于休闲、牛仔裤,金属牌内扣型的则属于商务装。

4. 其他搭配

(1) 鞋的搭配。正式场合女士不能穿高筒靴。高跟鞋选择时要穿着舒服而且不容易崴脚,前边不露脚趾,没有装饰。

(2) 发型设计。职场造型的原则是突出职业魅力。从整个生命周期看,女性辫子的多少和高低与年龄往往呈反比,小女孩会梳更多的辫子、更高的发髻,而年纪较大的成熟女性则最多梳一个且一般梳得很低。职场中,发型将额头、眉眼、鬓角露出来会给人更加精神、更具干劲的感觉。要留意头发的长度:既不宜理成光头,也不宜将头发留得过长。为了显示出职业人士精明干练,同时也是为了方便其工作,通常提倡男士头发以短为宜。在理短发时,还必须做到:头发前不覆额,侧不掩耳,后不及领,并且面不留须。女士一般要求在工作岗位上头发长度不宜超过肩部。

(3) 佩饰。金银、珍珠、宝石制作的项链、耳环、戒指、镯头等饰物对女性来说很重要。它可使人展现出高雅、华贵的风姿,只要适合自己的身份和活动场所的要求,就有助于赢得公众的好感。

(4) 围巾和帽子。围巾和帽子对服装的整体影响很大,在冬季用于点缀色彩尤为重要。如果衣服颜色较暗淡,则围巾与帽子的颜色可鲜艳一些。若衣服较鲜艳,佩戴的围巾与帽子就要素雅一些。

除非与制服配套,商界人士在工作岗位上是不允许戴帽子的。各种意在装饰的帽子,如贝帽、公主帽、学士帽、棒球帽、发卡帽,或是用于装饰的裹头巾,戴在正在上班的商界人员的头上,与之都是很不协调、很不相称的。

(5) 手提包。手提包一般要求与服装配套。同时还要根据季节选择,如夏季拎包应小巧,显得轻松爽快。

(6) 面部修饰要清新自然。化妆原则,要符合自己的身份,不戴有碍于本职工作的首饰,不戴展示财力的首饰。

(7) 香水。香水按照使用方式,可以分为滚珠型与喷射型,手腕内侧、耳后、膝盖内侧、颈部动脉,这些部位适合用滚珠型香水,不能用喷射型香水。喷射型香水一般喷于裙摆或风衣下摆,因为香味一般是从下往上散发,所以最佳的使用方法为先将香水喷到空气中再站进去,这样喷射均匀,不容易在衣服上留下痕迹。男士香水分运动型与日常型。运动型香水喷的位置一般为前胸,因为此处离心脏较近,血液循环快,有利于香水的挥发;日常型香水一般喷于前衣衣摆或者袖口的其中一处。香水的浓度以 1.5 米之内隐约能闻到为标准,最忌讳大面积高剂量喷洒。

5. 着装禁忌

服装不是没有生命的遮羞布。它不仅是布料、花色和缝线的组合,更是一种社会工具,它向社会中其他的成员传达出信息,像是在向他人宣布说:"我是什么个性的人,我是不是有能力,我是不是重视工作,我是否合群。"

在日常生活中,职业女性的着装常会出现以下问题:

(1) 过分时髦。一个成功的职业女性对于流行的选择必须有正确的判断力。在办公室里,主要表现工作能力而非赶时髦的能力。人们对服装过于花哨怪异者的工作能力、工作作风、敬业精神、生活态度,一般都会持怀疑态度。

(2) 过分暴露。夏天,许多职业女性不够注意自己的身份,穿起颇为性感的服装。这样你的才能和智慧便会被埋没,甚至还会被看成轻浮。

(3) 过分正式。这个现象也是常见的。其主要原因可以说是没有适合的服装。职业女性的着装应平淡朴素。

(4) 过分潇洒。最典型的样子就是一件随随便便的T恤衫或罩衫,配上一条泛白的"破"牛仔裤,丝毫不顾及办公室的原则和体制。

(5) 过分可爱。在服装市场上有许多可爱俏丽的款式,也不适合工作中穿着。这样会给人浮夸、不稳重的感觉。

对于职业女性的着装禁忌是:不宜过于妖艳,过于暴露,内衣不可暴露,配饰不宜过多。服装挑选要重视面料、款式、色彩这三要素,通常穿裙装比裤装更正式,尽量不穿长靴。需要注意的是:永远不要在别人面前整理衣服。

在办公室工作,服饰要与之协调,以体现权威、声望和精明强干为宜。男士最适宜穿黑、灰、蓝三色的西服套装领带。女士则最好穿西装套裙、连衣裙或长裙。男士注意不要穿印花或大方格的衬衫;女士则不宜把露、透、短的衣服穿到办公室里去。在办公室里工作不能穿背心、短裤、凉鞋或拖鞋,也不适合赤脚穿鞋。佩戴的首饰不宜过多,走起路来摇晃的耳环会分散他人注意力,叮当作响的手镯也不宜佩戴。

(四) 职业女性着装

1. 套裙礼仪

套裙是职业女士在正式场合穿着裙式服装的首选。

1) 套裙的选择

(1) 面料。一套在正式场合穿着的套裙,应该由高档面料缝制,上衣和裙子要采用同一质地、同一色彩的素色面料。裙子要以窄裙为主,并且裙长要及膝或者过膝。

(2) 色彩。以冷色调为主,应当清新、雅气而凝重,以体现着装者的典雅、端庄和稳重。藏青、炭黑、茶褐、土黄、紫红等稍冷一些的色彩都可以。为避免显得杂乱无章,一套套裙的全部色彩不应超过两种。有时候,穿着同色的套裙,可以采用不同色的衬衫、领花、丝巾、胸针、围巾等衣饰来点缀,显得生动、活跃。

(3) 图案。正式场合穿的套裙,可以不带任何图案,要讲究朴素而简洁。以方格为主体图案的套裙,可以使人静中有动,充满活力。一些以圆点、条纹图案为主的套裙,也可以穿着。

2) 套裙穿着和搭配

(1) 大小适度。上衣最短可以齐腰,裙子最长可以达到小腿中部,上衣的袖长要盖住手腕。

(2) 认真穿着。要穿得端端正正。上衣的领子要完全翻好;衣扣一律全部系上,不允许部分或全部解开,也更不允许当着别人的面随便脱下上衣。

(3) 注意场合。女士在各种正式活动中,一般以穿着套裙为好,尤其是涉外活动。其他情况就没必要一定穿套裙。当出席宴会、舞会、音乐会时,可以选择和这类场面相协调的礼服或时装。外出观光旅游、逛街购物、健身锻炼时,当然是休闲装、运动装等便装最合适了。

(4) 协调妆饰。通常穿着打扮,讲究的是着装、化妆和配饰风格统一,相辅相成。穿套裙时,必须维护好个人的形象,所以不能不化妆,但也不能化浓妆。选配饰也要少,合乎身份为宜。在工作岗位上,不佩戴任何首饰也是可以的。

（5）兼顾举止。套裙最能够体现女性的柔美曲线,这就要求你举止优雅,注意个人的仪态等。当穿上套裙后,站要站得又稳又正,不可以双腿叉开、站得东倒西歪。就座以后,务必注意姿态,不要双腿分开过大,或是跷起一条腿来,抖动脚尖;更不可以脚尖挑鞋直晃,甚至当众脱下鞋来。走路时不能大步地奔跑,而只能小碎步走,步子要轻而稳。拿自己够不着的东西时,可以请他人帮忙,千万不要逞强,尤其是不要踮起脚尖、伸直胳膊费力去够,或是俯身、探头去拿。

（6）要穿衬裙。穿套裙的时候一定要穿衬裙。特别是穿丝、棉、麻等薄型面料或浅色面料的套裙时,假如不穿衬裙,就很有可能使内衣"活灵活现"。可以选择透气、吸湿、单薄、柔软面料的衬裙,而且应为单色,如白色、肉色等,必须和外面套裙的色彩相互协调。不要出现任何图案。应该大小合适,不要过于肥大。穿衬裙的时候裙腰不能高于套裙腰,不然就暴露在外了。要把衬衫下摆掖到衬裙裙腰和套裙裙腰之间,也可以掖到衬裙裙腰内。

3）套裙鞋袜的选择

（1）皮鞋。用来和套裙配套的鞋子,应该是皮鞋,并且黑色的牛皮鞋最好。和套裙色彩一致色彩的皮鞋也可以选择。

（2）袜子。可以是尼龙丝袜或羊毛袜。但鲜红、明黄、艳绿、浅紫色的最好别穿。袜子可以用肉色、黑色、浅灰、浅棕等几种常规选择,最好是单色。

（3）协调。穿套裙的时候,有意识地注意一下鞋、袜、裙之间的颜色是否协调。鞋、裙的色彩必须深于或略同于袜子的色彩。不论是鞋子还是袜子,图案和装饰都不要过多。

（4）款式。在和套裙搭配穿着时,款式上也有讲究。鞋子应该是高跟、半高跟的船式皮鞋、盖式皮鞋。系带式皮鞋、丁字式皮鞋、皮靴、皮凉鞋等,都不适合采用。高统袜和连裤袜,是和套裙的标准搭配。中统袜、低统袜,绝对不要和套裙同时穿着。

（5）配套。鞋袜应当大小相配套、完好无损。穿的时候不要随意乱穿、不能当众脱下。不能同时穿两双袜子,也不可将九分裤、健美裤等当成袜子穿。有些女士喜欢有空便脱下鞋,或是处于半脱鞋状态。还有个别人经常将袜子撸下去一半,甚至当着外人的面脱去袜子,这些都是不礼貌的表现。

（6）不要暴露袜口。暴露袜口,是公认的既缺乏服饰品位又失礼的表现。不仅穿套裙时应自觉避免这个情形的发生,穿开衩裙的时候就更要注意。

2. 职业女性办公室着装礼仪

（1）整体协调。买衣服要冷静考虑,不要被漂亮时髦的衣服诱惑。因为要全盘考虑到自己衣着的整体感觉,心中要有计划,不要让每个单品之间没有任何的搭配可能。一般来说,上下装搭配要协调,包、鞋子和服装搭配要协调,颜色搭配要协调,衬衣裙子搭配要协调等。服装要整体搭配协调。

（2）场合协调。服装的穿着场合是很能体现一个人的着装品位的,如果你买的衣服都是适合逛街穿的,那么上班你就会找不到合适的服装。最好的办法是让自己的服装大体上分为几种类型,这样在面对各种场合活动时,你都能穿着得体、大方、耀眼。

（3）色彩协调。这个原则最简单,却也最实用。一般来说,一套服装最好不要超过三种颜色,超过三种颜色搭配要具有较高的技巧,否则就会显得杂乱。最保守的手段是打造两种色彩,在配饰的色彩上下工夫,让它们与服装之间的色彩不相同,但却是同一色系或者颜色冷暖相近,这样色彩既丰富又不单调,整体的装扮感觉也很有层次。

(4) 款式协调。选择款式的基本原则是这款服装能够扬长避短,不仅能够掩盖你身体上的不足之处,还能够把你的身材优势都显现出来。如果你的个子非常矮小,却还要穿一件腰线很低的横条纹风衣,那就有些虐待自己的形象。不如选择一件短小的上衣,浅色的七分裤,戴一条耀眼的项链合适。

(5) 配饰协调。手袋、围巾、饰品,哪一样都是搭配服装时不可忽视的,都是画龙点睛的一招。一件简单的服装如果配件搭配得好,漂亮指数就会直线提升。配饰的运用要坚持能够让自己的整体装扮显得更有品位的原则,否则再好看也不要。

3. 内衣穿着礼仪

内衣颜色不要外泄,且还需与外衣颜色和谐统一。忌在公共场合不加掩饰随意地整理内衣,女性如感到内衣穿着不舒适,应就近寻找卫生间,在卫生间内得体处理。忌在身份高的长者或上司面前整理内衣,忌在异性面前整理内衣,忌在小辈面前整理内衣。忌内衣外泄。

(五) 男士着装礼仪

1. 领带

在正式场合穿西服一定要佩戴领带,凡穿硬领衬衣参加正式活动必须系好领带。穿针织套头高领衫或翻领衫不宜系领带。领带花色品种很多,它要求与相宜的服装配套。一般来讲,有图案的领带宜于配上素色无花纹的衬衣。领带的颜色要比西服深一些。不要系颜色与花型不常见的领带,几何图形、手描画、田园风光等都是忌讳使用的花型。

2. 饰配

(1) 领带夹。领带夹夹在衬衣的第三至第四粒扣子之间。

(2) 袜子。袜子具有衔接裤子和鞋子的作用,应与裤、鞋协调。黑色皮鞋应配深色袜子。

(3) 口袋。无论是西服上衣还是裤子,口袋里尽量不放或少放物品。口袋里鼓鼓囊囊塞了东西只会让别人笑话你邋遢。还要随时注意,将西服口袋的外翻盖盖好。手帕也是装饰,在西服左胸上口袋里插上一定形状的手帕,可令人平添风采。

(4) 鞋。皮鞋要擦亮。黑色皮鞋各种场合都比较适宜。白皮鞋是休闲皮鞋,不要穿波鞋、布鞋、凉鞋和拖鞋等。

(5) 色彩。色彩不要多。全身上下领带、衬衣、西服、西裤、鞋子、袜子同一色系搭配为佳。

(6) 服饰。服饰不要假。虽然"水货"价廉,但在正式场合千万别穿戴假名牌,无论是服装还是饰品,让别人看出来你就会掉价不少。

3. 衬衫

穿西装要配硬质衬衫。衬衫领子要硬实挺括,不能太软,保持干净。衬衫的后领应高于西服后领,衬衣颜色一般配白色或与西服同色的浅色调。衬衫的下摆不可过长,下摆要塞在裤子里。衬衫的袖口以露出西装袖以外2~3厘米为宜。衬衣里面一般不要穿棉毛衫,如果穿的话,不宜把领圈和袖口露在外面,如果天气较冷,衬衣外面可以穿羊毛衫,但以一件为宜。每次穿新西装都应选一件新衬衫来配,这样看起来和谐、精神。

4. 纽扣

站立时,西装上衣的纽扣应该扣上,坐下时才可解开。西装的纽扣有单排扣和双排扣。单排扣有1粒、2粒、3粒和更多粒;双排扣有4粒和6粒。单排扣1粒的扣与不扣都无关紧要;2粒的应扣上面那粒。如果衣服上有3粒纽扣,那么可扣上面和中间两粒,也可只扣中间的那粒。双排扣子的西装要把纽扣全系上。西装如果有6粒纽扣的,最底下的那粒不扣,5粒纽扣的,应全部扣上。

二、礼仪形态

(一) 站姿

古人有一句话:"立如松。"意思是站立要如同傲然挺拔的劲松,刚毅英武。标准的站姿,从正面观看,全身笔直,精神饱满,两眼正视,嘴微闭,面带微笑。两肩平齐,两臂自然下垂,两脚跟并拢,两脚尖张开60°,身体重心落于两腿正中;从侧面看,两眼平视,下颌微收,挺胸收腹,腰背挺直,手中指贴裤缝,整个身体庄重挺拔。

在生活中由于每个人的生活条件、个人习惯、职业特点、个人审美标准的不同,如果不注意培养标准的站立姿态,久而久之就习惯性地养成了不规范的姿态。例如,头部不正出现的习惯性前伸、侧歪;肩部紧张,形成端肩缩脖等。手插在裤袋里,随随便便,悠闲散漫,倚靠墙上或椅子上,这些将会破坏自己的形象。双手交叉在胸前,这种姿态容易使别人有受压迫之感。下意识地做小动作,如摆弄打火机、香烟盒、玩弄衣带、发辫、咬手指甲等,这样不但显得拘谨,给人缺乏自信的感觉,而且有失仪表的庄重。

女子的站姿有三种:一是双腿呈V字形,即膝和脚后跟靠紧,脚尖张开的距离约为两拳;二是双脚并拢,即可双脚并拢直立;三是丁字步,把重心放在一脚上,另一脚超过前脚斜立而略弯曲。女性站姿要有女性的特点,表现出女性的温顺、娇巧、纤细、轻盈、娴静之姿,给人一种"静"的优美感。

男子的站姿有三种:一是双脚并拢;二是双脚呈V字形;三是双开,叉开时,双脚与肩同宽。身体不东倒西歪,上体保持正直,手一般放在身体两侧或背后。男性的站姿要有男性的气质,表现出男性的刚健、强壮、粗犷、剽悍、英武、威风之貌,给人一种"劲"的壮美感。

经过专家的研究,人体最美的角度是身体微侧,面向前方时的姿态,因此,当3/4站姿站好时,身体成自然的45°角,斜对着前方,通常我们只看到前面的一条手臂。此时,看起来体态较修长条。如果身体肥胖,正面对着镜头,无疑让身体的缺点表露无遗。若以3/4的标准站姿站立,身体成一斜度,就自然美化了身体的线条美;而对于太瘦的人,两腿间有空隙,腿部不直,或有O型、X型腿等不佳的腿形,身体比例不均匀等,如果以3/4标准站姿站好,身体也成45°角时,既能掩饰不佳的腿形,又能使体态看起来修长美好。

(二) 坐姿

"坐如钟",坐要如同稳重不动的大钟,是指坐姿要端正。入座时要轻而稳,走到座位前,转身后,轻稳地坐下。女子入座时,若是裙装,应用手将裙摆稍稍拢一下。人的正确坐姿,是面带笑容,双目平视,嘴唇微闭,微收下颌。双肩平正放松,两臂自然弯曲放在膝上,也可放在椅子或沙发扶手上。立腰、挺胸、上体自然挺直。双膝自然并拢,双腿正放或侧放。至少坐满椅子的2/3,脊背轻靠椅背。起立时,右脚向后收半步而后起立。谈话时,可以侧坐,此时上体与腿同时转向一侧。男士坐姿:双腿并拢,上身挺直坐正,两脚略向前伸,两手分别放在双膝上。女士坐姿:坐正,上身挺直,两腿并拢,两脚同时向左或向右放,或者两脚交叉,两手叠放,置于左腿或右腿上。正式社交场合里,也不能随意地把头向后仰靠,显出很懒散的样子。端坐时间过长,会使人感觉疲劳,这时可变换为侧坐。坐的时间长了而想靠在沙发背上是可以的,但不可把脚一伸,半躺半坐,更不可歪歪斜斜地摊在沙发上。起座要端庄稳定,不可猛坐猛起,弄得座椅乱响,造成紧张气氛。

在餐桌上,注意膝盖不要顶着桌子,更不要双脚高于桌面。站立的时候,右脚先向后半步,然后站起,向前走一步,再转身走出房间。

切忌将小腿架到另一条大腿上,或将一条腿搁在椅子上。最好不要随意跷二郎腿,即使跷二郎腿,也不可跷得太高。坐立时,腿部不可上下抖动,左右摇晃。与人交谈时勿将上身往前倾或以手支撑着下巴。

(三) 走姿

走姿是展现人类动态美的重要形式,正确的走姿,能走出风度,走出优雅,走出美来,更能显示出一个人的活力与魅力。古人曰"行如风",意思是行要如同吹拂的和风,洒脱飘逸。男子走路大步为佳,女子走路碎步为美。男子的步伐刚健、有力、豪迈、稳重,走路的姿态应当昂首、闭口、两眼视前方,挺胸收腹直腰,上身不动,两肩不摇,步态稳健,显出刚强、雄健、英武、豪迈的男子风。女子的步伐轻盈、柔曼、飘逸、玲珑,走路的姿态应当是头部端正且不宜抬得过高,目光平和,直视前方,上身自然挺直、收腹,两手前后摆动的幅度要小。以含蓄为美,两腿并拢,碎步行进,走成直线,步态要自如、匀称、轻柔,显示出端庄、文静、温柔、典雅的女子窈窕美。

简单来说,正确的走姿主要有三个要点:从容、平稳、直线。理想的行走线路是脚正对前方所形成的直线,脚跟要落在这条直线上,上体正直、抬起头、眼平视、面有笑容,双臂自然前后摆动,肩部放松,走时轻而稳。正确的走姿应当身体直立、收腹直腰、两眼平视前方,双臂放松在身体两侧自然摆动,脚尖微向外或向正前方伸出,跨步均匀,两脚之间相距一只到一只半脚,步伐稳健,步履自然,要有节奏感。起步时,身体微向前倾,身体重心落于前脚掌,行走中身体的重心要随着移动的脚步不断向前过渡,而不要让重心停留在后脚,并注意在前脚着地和后脚离地时伸直膝部。

走路时步态美不美,决定于步位和步度。步位就是人走路时脚踏在地上以后,应该落在什么地方。一般来说,两只脚所踩的应是两条平行线,两脚落在地上的横向距离大约3厘米。步幅是每走一步,两脚间的距离标准,即如果左脚一步,迈出落地,脚跟离合,脚步恰好是一个脚长。步幅的大小应根据身高、着装与场合的不同而有所调整。女性在穿裙装、旗袍或高跟鞋时,步幅应小一些;相反,穿休闲长裤时步伐就可以大一些,凸显穿着者的靓丽与活泼。走路时要用腰力,要有韵律感。走路时腰部松懈,会有吃重的感觉,不美观,拖着脚走路,更显得难看。走路的美感产生于下肢的频繁运动与上体稳定之间所形成的对比和谐,以及身体的平衡对称。要做到出步和落地时脚尖都正对前方,抬头挺胸,迈步向前。穿裙子时要走成一条直线,使裙子下摆与脚的动作显出优美的韵律感。

注意:走路时,不要低头看脚尖。拖脚走,走内外八字,摇头晃脑,与他人距离过近,边走边喝,勾肩搭背。走路时,眼睛注视前方,不要左顾右盼,不要回头张望,不要老盯住行人乱打量,更不要一边走路,一边指指点点,对别人评头论足,这不仅有伤大雅,而且不礼貌。工作时,无论男女都不可把手插在衣服口袋里,尤其不可插在裤袋里,也不要叉腰或倒背着手,走路时,两臂前后匀速随步伐摆动。

走路脚步要干净利索,有鲜明的节奏感,不可拖泥带水,也不可重如打夯,砸得地动楼响。如果碰到有急事,可以加快脚步,但切忌奔跑,特别是在楼里。几个人在一起走路时,不要勾肩搭背,不要拍拍打打。多人在一起走的话,不要排成行。进入办公场所,登门拜访,在室内种种特殊场所,脚步应轻而稳。步入会场、走向话筒、迎向宾客,步伐要稳健、大方、充满热情。举行婚礼、迎接外宾等重大正式场合,脚步要稳健,节奏稍缓。办事联络,往来于部门之间,步伐要快捷又稳重,以体现办事者的效率、干练。陪同来宾参观,要照顾来宾行走速度,并善于引路。

(四)其他动作姿态

(1) 蹲姿。下蹲时,左脚在前,右脚在后,双腿合力支撑身躯,避免滑倒或摔倒,左右手各放于膝盖附近,挺直上身,抬头,目视前方。蹲姿男女有别:女子下蹲时,左脚在前,右腿稍后,两腿靠紧,向下蹲。因为女子多穿裙子,所以两腿要靠紧。男子左脚全脚着地,小腿基本垂直于地面,右脚脚跟提起,脚掌着地。右膝低于左膝,右膝内侧靠于左小腿内侧,形成左膝高右膝低的姿态,臀部向下,基本上以右腿支撑身体。这里要提醒注意的是,下蹲时无论采取哪种蹲姿都应掌握好身体的重心,避免滑倒。注意:不要突然下蹲;不要距人过近;不要方位失当;不要毫无遮掩;不要蹲着休息等。下蹲时应整理裙摆。

(2) 表情。一个人的表情不仅表现了他本身目前的状态、心情,更会对与他相处的人产生影响。所以,必须正确把握自己的表情尺度,才不至于让人产生误会,才能获得更多的交往和合作机会。人与人的相识,第一印象往往是前几秒钟形成的,微笑是众多表情中最能赋予人好感,增加友善沟通,愉悦心情的表现方式,也是人与人之间最好的沟通方式。得体的表情可以拉近人与人之间的距离,将困难的事情简单化。笑是眼、眉、嘴和颜面动作的集合,它能够有效地表达内心情感。恰到好处的、动人的、美丽的、真诚的微笑,使别人看了舒服,也表达了自己的真诚、友善和美好健康愉悦的心绪,表达了对别人的欢迎,既是对别人的尊重,也是对自身价值的肯定。

(3) 体态语。在人际交往中,人们的感情流露和交流经常会借助于人体的各种器官和姿态,这就是我们通常所说的"体态语言"。眉毛能表达人们丰富的情感。如舒展眉毛,表示愉快;紧锁眉头,表示遇到麻烦或表示反对;眉梢上扬,表示疑惑、询问;眉尖上耸,表示惊讶;竖起眉毛,表示生气。眼睛是人体传递信息最有效的器官。在社交场合交谈时,目光正视对方的两眼与嘴部的三角区,表示对对方的尊重;但凝视的时间不能超过五秒,因为长时间凝视对方,会让对方感到紧张、难堪。如果面对熟人朋友、同事,可以用从容的眼光来表达问候,征求意见,这时目光可以多停留一些时间,切忌迅速移开,不要给人留下冷漠、傲慢的印象。嘴巴可以表达生动多变的感情。如紧闭双唇,嘴角微微后缩,表示严肃或专心致志;嘴巴张开成O形,表示惊讶;撅起双唇,表示不高兴;撇撇嘴,表示轻蔑或讨厌;咂咂嘴,表示赞叹或惋惜。人们交往时,手势是语言的最好辅助,如竖起拇指或鼓掌表示钦佩、赞扬;连连摆手表示反对;握紧拳头表示愤怒、焦急;招手叫人过来,挥手表示再见或叫人走开;摇头表示困惑,用力挥手或拍额头表示恍然大悟。

> 女性的最佳护肤策略:与电脑相伴的女性在使用电脑前半小时,涂抹隔离霜,可将有害辐射隔离于肌肤之外。使用完电脑之后,仔细清洁皮肤,并使用保湿与营养护肤品。电脑辐射会导致皮肤干燥,因此给皮肤补充水分至关重要。还可选用富含维生素C的营养护肤品,以修复电脑辐射对皮肤的损伤。保证良好睡眠。经常熬夜会使皮肤显得干燥,还会导致黑眼圈。最好一周做一次保湿面膜,充分补充肌肤的水分。

第二节 财务人员工作规范用语与接待

案例导入一

大学毕业,小李应聘到一家广告公司做业务员。他找到的第一个业务对象是一家规模较大的装修公司。老板以为他是来找他们搞装修的,非常热情地接待了他。当他说明来意后,老板开始不耐烦,但凭着他的执著,老板最终有些心动了。他抓住时机和老板拉起家常,老板见他诚恳可信,对他们的广告公司渐渐产生了兴趣,并递给他一张名片。他兴奋地将名片揣进上衣口袋。他在上大学时经常策划海报、宣传栏,看了老板提供给他的材料,他大致有了一套方案。他把方案说给老板听,老板表示满意。装修公司老板答应做一次宣传广告,而且没有和他还价。临别时,他想起与老板聊了那么久,还不知道他的姓名,便问了一句:"老板贵姓?"老板一愣,转而淡淡一笑:"哦,姓陈。"过了两天,他兴高采烈地拿着自己精心策划的宣传方案去找那家装修公司的老板。当他走进老板的办公室,老板却给他当头一棒:"对不起,小伙子,我们经过仔细考虑,不准备做广告了。"他有些云里雾里,上次不是说得好好的,老板怎么这样言而无信呢?他悄悄地向一位年长的员工打听,他小声说:"那天老板给你名片时,你看都没有看就塞进口袋,临走还未问老板姓什么,你这么粗心,老板怎么放心和你合作呢?"

案例导入二

在纽约学习的3个月里,为了节省开支,我没有住酒店,而是租住在一栋公寓楼。公寓楼的对门,住着一位叫西蒙的孤单老人,他的老伴早已去世,儿女又在外地工作,出于对他的同情,我总会给他一些力所能及的帮助。

有一天,天色突然变得很暗,可能要下雨了,路人行色匆匆。我正在从学校赶往住处的路上。突然,我看见一个熟悉的人影正茫然四顾地站在马路上,我仔细一看,那人正是西蒙老人。我赶紧走过去,问他是不是需要帮助。西蒙老人说,自己迷失了方向,怎么也不记得回家的路了。

我将西蒙老人送回家后,还帮他叫了份外卖,让他吃饱喝足安顿他睡下后,我才返回自己的房间,大约过了半个小时,房门被人敲响了,我正在奇怪,此时怎么还会有人找我呢?打开门,发现竟然是西蒙。他不是已经睡下了吗?我问西蒙老人有什么事,是不是需要我的帮助?

西蒙老人犹豫了半天,又不停地用手拍自己的后脑勺,自言自语地说:"我怎么又忘了呢?我明明是有话要跟你说的,可是突然又想不起来了。"我说:"如果不是很重要话,您就明天想起来了再跟我说吧,现在您需要的是好好休息。"就在西蒙想转身回自己家的时候,他突然笑着说:"谢谢!这就是我要跟你说的话,你今天帮助了我,可我还没有跟你说谢谢呢。"

回到加州,我马上又投入紧张的工作中。突然有一天,邮递员交给我一个来自纽约的特快专递,我正在纳闷,我的学习早已结束,在纽约又没有其他亲人,是谁给我寄来的信件呢?打开一看,偌大的一张纸上只有两个字:谢谢。我一拍脑门,想起来了,肯定是西蒙。因为在离开纽约之前,我曾经陪西蒙老人去过一次医院,那是西蒙老人每月必做的体检。也许西蒙老人又忘记跟我说谢谢了,这才用特快专递的方式来向我表达谢意了。

我想起曾经对西蒙老人说过,其实他没有必要跟我这么客气的。可他却说,这是他做人的原则。他说:"是的,我的记性确实不好,我出门经常将钥匙忘在家里,有时一整天都忘记吃饭,甚至将自己丢在大街上忘了回家的路,这些其实都不重要。我什么都可以丢,但唯独这份对帮助过我的人的谢意不能丢。"

一、财务人员工作规范用语

语言是交际活动的桥梁和媒介,是人们彼此之间进行交流、开展工作、建立友谊、表达意愿、传递信息的最为重要的一种形式。一般来说,人们的知识、阅历、教养、才智、性格和应变能力等,都可以通过交谈得到体现和发挥。

工作场所和公共场所,一切复杂的事物几乎都在120~210厘米里进行。如机关里的领导干部对秘书或下属布置任务;接待因公来访的客人;或进行比较深入的个人洽谈时大多采用这个距离。处于210~360厘米之间,表现为更加正式的交往关系,是会晤、谈判或公事上所采用的距离,首长接见外宾或内宾;大公司的总经理与下属谈话等,由于身份的关系需要与部下保持一定的距离。

人们交谈时通常是由开始讲话的人选择一个话题,大家围绕这一话题各抒己见,然后转向另一个话题,因此,选择合适的话题十分重要。言谈既能促进事业成功,生活如意,又可能伤害别人,招来灾祸。言谈之中,切忌表述不清、不够委婉、戳人痛处、露出轻浮、弄巧成拙、时机不当,未分清对象,在和不同的人交往时,单纯地用一种语言表达方式,或者该种语言表达方式用错了对象,其结果只能是与别人的关系越来越疏远。实在需要中途插话时,也应征得对方同意,"对不起,我可以提个问题吗?"或"我插句话好吗?"这样可避免对方产生误解。

交谈时,要表情自然,语言和气亲切,表达得体。参加别人谈话要先打招呼,不要凑前旁听。若有事需与某人说话,应待别人说完后再发表自己的意见。谈话中遇有急事需要处理或离开,应向谈话对方打招呼,并表示歉意。

财务人员也有大量对内对外服务的内容,作为一名合格的财务工作人员,也要熟悉常用工作规范用语。在日常工作中,涉及的常用规范用语有:您好,请问,您办理什么业务,请到这边来办理,请出示您的报销单;您的报销单××地方有错误,请您再仔细核对一下,请您核对,请拿好,请问,您清楚了吗,请问,您还有其他问题吗,请稍等,对不起,电脑有故障,请稍等,对不起!让您久等了,对不起,请大家按先后次序办理业务,谢谢合作,请在这儿签名,谢谢,如有问题,请您跟我们联系。

常用的电话服务用语则有:您好,财务部;您好,我是财务部××,请问××在不在;您好!这里是×××公司×××部(室),请问您找谁;对不起,××有事外出,请问有什么事,我可以替您转告吗(请您稍后再来电话好吗)?我就是,请问您是哪一位?请讲;请问您有什么事(有什么能帮您)?请问,您要不要留言?对不起,请您在××时间再打来;对不起,您要办的事由是××部门负责,需要我提供其他帮助吗?对不起,您打错电话了;您放心,我会尽力办好这件事;对不起,您的事我需要请示,请您留下联系电话,请示后我会给您回复;对不起,这类业务请您向×××部(室)咨询,他们的号码是……(×××同志不是这个电话号码,他(她)的电话号码是……)

财务人员在日常服务中,切忌如下语言:这事不归我管;我已经跟你说过好几次了;怎么还是不清楚呢;今天我有事,不办公;怎么才来(怎么来得这么迟,你为什么不早点来);还没上班呢,急什么急;下班了,明天再来;回去搞清楚再来;拿着,丢了不管;我很忙,我没空;怎么搞的,你又弄错了;制度就这样规定;有意见,找领导去;文件有规定,自己去查;我不知道;我不清楚;我只能这样。

很多企业都对财务管理人员有比较详细的行为规范和语言规范要求,如要求诚信为本,操守为重,遵循准则,不做假账;要礼貌待人,文明用语。对到财务部办事人员热情接待,对违反规定和手续不全的业务,要耐心对办事人做好解释工作;认真听取办事人的意见等。工作中,不得违反国家财经纪律;不得违反公司财务规定;不得无故与办事人争吵;不得故意刁难办事人;不得故意怠慢办事人;不无故拖延业务办理时间等。

二、财务人员日常接待

财务人员也会经常遇到与人的沟通交往,在这其中,必须掌握一定的交往技巧。

1. 称呼礼仪

称呼指的是人们在日常交往应酬中,所采用的彼此之间的称谓语。在人际交往中,选择正确、适当的称呼,反映着自身的教养、对对方尊敬的程度,因此不能疏忽大意,随便乱用。对他人称呼的基本要求是:要合乎常规;要照顾被称呼者的个人习惯;要入乡随俗;要注意场合。

在日常生活中,称呼应当亲切、自然、准确、合理,不可肆意为之。在工作岗位上,称呼要庄重、正式、规范。在工作中,以交往对象的职务相称,以示身份有别、敬意有加,这是一种最常见的称呼方法。

讲求称谓礼仪,有两个作用:一是表明说话动作和内容的指向对象;二是表明对该对象的态度。全名称呼是很不礼貌的,比较亲密的称谓是去掉姓氏直接称呼其名,如"大伟""建华"。也有在姓氏前加上修饰,如"老李""大陈"。亲属之间根据血缘关系有不同的称呼。也有以对方担任的职务称呼的,如"李老师""张工程师"、"刘医生"。同时与多人打招呼,应遵循先长后幼、先上后下、先近后远、先女后男、先疏后亲的原则。进行人际交往,在使用称呼时,一定要避免失敬于人。

称呼禁忌:要避免错误称呼,失敬于人。常见的错误称呼有两种:误读,一般表现为念错被称呼者的姓名等。避免使用不雅绰号作为称呼。不要拿别人的姓名乱开玩笑。避免使用"张冠李戴"的称呼。商务交往注意"四不用":不用无称呼,如"哎""嘿"等;不用替代性称呼,不叫人外号;不用不适当的地方性称呼,在某一范围内用地方性称呼是可以的,但是在跨地区、跨国家不能滥用;不用称兄道弟,到了一个企业一进门,你说这是张姐,那是李哥,这不是公司,是跑单帮的。

另一个是在生活里,有一些约定俗成的称呼应用于口头上,大家一般都要注意遵守。例如,我们当面称呼有职务的副职时,一般称呼为"某某科长""某某处长""某某局长",而不直接称呼为"某某副科长""某某副处长""某某副局长",因为这样既不上口,也满足不了对方的心理期盼,需要说明的是,这一类称呼只用于口头上,书面行文时还是贯以全称为好。

2. 电话礼仪

电话接待是一项十分重要的日常工作和服务项目。热情、文明的电话接待会给客人留下美好的印象,会使人们心情舒畅,愿意交往。在接听电话时,你所代表的是公司而不是个人,所以不仅要言语文明、音调适中,更要让对方能感受到你的和善。同时,也不要忘记每一个重要的电话都要做详细的电话记录,包括来电话的时间、来电话的公司及联系人、通话内容等,这样才能为将来开展业务奠定良好的基础。在别人不主动说出身份时,不要追问别人的姓名,不要强求转告通话内容。如果想知道对方是谁,不要唐突地问"你是谁",可以说"请问您哪位"或者可以礼貌地问,"对不起,可以知道应如何称呼您吗?"

(1) 接听电话的礼仪。接电话时,应有"代表单位形象"的意识。接听电话前,应准备好笔、纸等记录工具。铃响不过三声,所有来电,务必在三响之内接听,如晚接应对人致歉。先问好、再报单位、再用问候语,这是接听电话的"礼貌三部曲",例如,"您好!中海物流"。然后讲问候语:"请问我能帮您什么忙吗?"来电话人未讲完话之前不要打断,对听不清楚的地方,要复述。如果对方发出邀请或会议通知,应致谢;如对方反映问题或是客人投诉,接待要耐心。通话结束时,应以对方挂断电话为通话完毕,任何时候不得用力掷听筒。

接听电话时,停止与此无关的一切动作,并使用正确的姿势进行接听;注意接听的语调、语速和措辞,打电话时要保持良好的心情,所以即使在电话中,也要抱着"对方看着"的心态去应对。当对方谈话很长时,应适时以"是的、好的"表示你在倾听;需要搁置电话时,应给予说明并致歉;如果自己解决不了问题,应帮助转接或提供正确的电话号码;当手机出现未接电话时,要及时回复短信或者电话,询问是否有要事等。无论是拨出电话还是接听电话,都应做到语调热情、大方自然、声量适中、表达清楚、简明扼要、文明礼貌。

电话留言的记录要有:致,即给谁的留言;发自,谁想要留言;日期,最好也包括具体时间;记录者签名,有助于寻找线索,或弄清不明白的地方;内容,简单清晰。如果接到的电话是找你的上级时,不要直接回答上级在还是不在,要询问清楚对方的姓名和大概意图,将所了解的情况告诉你的上级,由他判断是否接电话。

(2) 拨打电话的礼仪。电话拨通后,如只听铃响,没有人接,应耐心等待片刻,待铃响六七次后再挂断。选择适当的通话时间,要考虑对方是否方便。不妨先问一声:"现在说话方便吗?"以免接电话者因忙于做事或有人在旁不便详谈而引起不快。电话接通后,应有礼貌地提出:"请找某人听电话。"必要时还应主动说明自己的姓名、单位、关系。拿起话筒之前,应首先明确通话后该说些什么,怎么说,免得接通电话以后结结巴巴,语无伦次。电话中有特别重要的事情或容易混淆难记的数据、专用名词,最好讲完后与对方核对一下,了解对方是否已真正听清楚。电话接通后,可以客气地问:"请问是××单位吗?"如果拨错号码,应该道歉,不要将电话一放了事。当对方答应你"稍候"时,应握着话筒静候;给别人打电话时列出要点,避免浪费时间。如果要找的人不在,可以问一下对方什么时间可以再打电话或请其回电话,同时,要将自己的电话号码和回电时间告诉对方。

电话结束前,应说结束语,如"好,就这样吧,再见",或者"还有什么事吗?"确知对方已全部讲完,就说:"谢谢""再见"之类的礼貌用语。打电话的一方挂电话时,要注意轻放,而不应当发生"哐啷"一声大响,这样做极不礼貌。打电话的时间,应避开一天中禁止打电话的时段,如他人休息时间,早上7点之前、晚上10点之后和午休、用餐时间;一周内打电话要遵循时间规律;休息日不谈生意,即使知道客户家中电话也尽量不要打。给别人打电话前,应先想好要讲的内容,通常一次通话不应长于3分钟,即所谓的"3分钟原则"。通话之初,应先做自我介绍,请人代转代找时,应说"劳驾"或"麻烦您"。

(3) 接听手机礼仪。若你的手机在影院、法庭、会议室等场所或人群中响了起来,若要接听的话,应赶紧退场。如果在人群中打手机,应调低音调,压低嗓门,对方能听清即可,尽量少或不使用"身体语",降低此时他人对你的注意力。在公众场合接听手机,除非极重要的事,否则不宜长篇细谈。若在谈话中需要接听手机,除礼貌地"对不起"之外,还应走至无人处或面向无人的方向,不可面对对方接听,更不可边听对方谈话边接听。无论是座机还是手机铃声,音量都不能调得过大,以离开座位2米可以听见为宜。

3. 迎送礼仪

当客人来访时,你应该主动从座位上站起来,引领客人进入会客厅或者公共接待区,并为其送上饮料,如果是在自己的座位上交谈,应该注意声音不要过大,以免影响周围同事。切记,始终面带微笑。

握手是在社交活动中使用频率最高,适应范围最广泛的一种礼仪。无论认识与否,年长年轻,见面或告别时,感谢或祝贺时,鼓励或慰问时,都可以行握手礼。行握手礼时,通常距离受礼者约一步,两足立正,上身稍向前倾,伸出右手,四指并齐,拇指张开与对方相握,微微抖动三四次,然后与对方的手松开恢复原状。握手一般应由主人、长者、身份高者及女性先伸手。客人、年轻者、身份低者应先问候,待对方伸手后再握手。但同级平辈见面时,双方伸手不分先后,谁先伸手谁先为敬。当别人忽略了握手的先后顺序已经伸出手时,都应该毫不迟疑地立即回握。一般情况下,握一下即可,不必用力。在大多数国家,戴着手套与人相握既不礼貌也是对对方的侮辱,应注意避免戴着手套同他人握手。

4. 名片礼仪

向对方递名片时,应面带微笑,注视对方,将名片正面对着对方,递送名片时应用双手拇指和食指执名片两角,让文字正面朝向对方,接名片时要用双手,并认真看一遍上面的内容。如果接下来与对方谈话,不要将名片收起来,应该放在桌子上,并保证不被其他东西压起来,这会使对方感觉你很重视他。如果在外面收到名片,应放进衬衣口袋或西服内侧口袋,不能放在钱包、裤子后面的口袋,也不能在上面记qq号或写其他东西。递名片时,双手递,字朝对方,不能用手指按在名片上,按在边缘,类似于夹的动作。如果是坐着的,应当起立或欠身递送,递送时说一些"我叫×××,这是我的名片,请笑纳。""我的名片,请你收下"之类的客套话。参加会议时,应该在会前或会后交换名片,不要在会中擅自与别人交换名片。

递送名片时要注意:地位低的人先向地位高的人递名片,男性先向女性递名片,当面对许多人时,应先将名片递给职务较高或年龄较大者,如分不清职务高低和年龄大小时,则可按左右次序或前后次序来递交名片。

名片应该放在名片夹内,而不应该放在别的票证夹里,更不应该随意夹在小本本里,用时满处乱翻。

接收他人递过来的名片时,应尽快起身,面带微笑,用双手拇指和食指接住名片下方的两角,齐胸高度,仔细地阅读一遍,并轻声说"谢谢""能得到您的名片十分荣幸""久仰大名",或可感叹地说道:"哦,大华实业公司的董事长就是张先生呀!"注意不要把人家的姓名和职务读错。对不认识的字或不明白的地方可以当面请教,对方一定会感到高兴。如果对方伸出左手递交名片,自己更要伸出右手去接,同时左手也应递交名片,这样互相交换。如果对方双手递交名片,自己要双手接受名片。接到名片之后,如果自己没有名片或没带名片,应当首先向对方表示歉意,再如实说明理由。

注意事项:名片片头上可以印一些装饰图案,还可以将单位徽记印在名片上,以树立企业形象。名片上的文字同其他应用文一样,首先要合乎规范,名片的风格、个性,主要表现在片面布局与字体的选择设计方面。就字体而言,行、草、篆、隶及各种美术字体均可。向他人索要名片,不要直截了当地向人家要,最好是含蓄地向对方仔细地询问姓名、单位、地址、电话等,这样,如果他愿意的话,一定会送一张名片给你。名片和收放名片的夹子,应避免放在臀部后面的口袋内。为了查找和使用起来方便,宜分类收藏他人的名片。对个人名片可按姓氏笔划分类,也可根据不同的交际关系分类。要留心他人职务、职业、住址、电话等情况的变动,并及时记下有关的变化,以便通过名片把握每位客户,每个朋友的真实情况。

5. 介绍礼仪

在人际交往中,特别是在人与人之间的初次交往中,介绍是一种最基本、最常规的沟通方式,同时也是人与人之间相互沟通的出发点。介绍的礼节是行为大方得体。

(1) 自我介绍。自我介绍的基本要求是:内容要真实,既没有必要自吹自擂,也没有必要过分自谦。时间要简短,以半分钟左右为佳。素昧平生要有礼,如果能找出你和对方的某种联系作为介绍时的简注,固然再好不过。仪态要正确,进行自我介绍,要简洁、清晰,充满自信,态度要自然、亲切、随和,语速要不快不慢,目光正视对方。镇定自信、落落大方、彬彬有礼,表达自己渴望认识对方的真诚情感。时间要恰当,当对方无兴趣、无要求、心情不好,或正在休息、用餐、忙于处理事务时,切忌去打扰,以免尴尬。方法要讲究,进行自我介绍,应先向对方点头致意,得到回应后再向对方介绍自己。如果你想认识某人,最好预先获得一些有关他的资料或情况,诸如性格、特长及兴趣爱好。这样在自我介绍后,便很容易融洽交谈。以下为几种自我介绍的形式,可以借鉴:"您好,我叫许惠原。""我叫李纪龙,是高音公司的销售经理。""我是李海星,是新兴文化公司经理,我和您一样也是个'球迷'。"

(2) 介绍他人。介绍的原则是将级别低的介绍给级别高的;将年轻的介绍给年长的,将未婚的介绍给已婚的,将男性介绍给女性,将本国人介绍给外国人。在作具体介绍时,态度要热忱,镇定自若,端庄有礼,礼貌地平举右手掌示意且眼神要随手势指向被介绍的对象,而不应用手指指划划,或眼手不协调,显得心不在焉。目光应正视对方,略带微笑。作介绍时要注意介绍姓名,还可附加简短的说明,比如职称、职务、学位、爱好和特长等。例如:"这是人事部经理",就不如"这是人事部李经理"。介绍时,要做到口齿流利,发音清楚,务必使别人能够听清,绝不要咕哝含糊。

6. 握手礼仪

一定要用右手握手,时间一般以1~3秒为宜,不宜太用力。女士应该主动与对方握手,同时不能戴手套握手。另外,不要在嚼着口香糖的情况下与别人握手。握手时双目应注视对方,微笑致意或问好,多人同时握手时应顺序进行,切忌交叉握手。在任何情况下,拒绝对方主动要求握手的举动都是无礼的,但手上有水或不干净时,应谢绝握手,同时必须解释并致歉。

总的来讲,先伸手的人是掌握主动权,可以决定不伸手的人,地位相对较高,另外,商务场合与社交场合略有不同。握手原则是尊者先伸手,上级先伸手;礼宾服务业或接待人员先伸手以表现出热情;主人先伸手,客人离开时,客人先伸手;商务场合无男女,按照上下属关系,上级先伸手;社交场合无身份,永远的女士优先原则。

7. 餐桌礼仪

(1) 中餐。邀请别人吃饭一般提前三天,并于宴请头一天晚上再提醒一次。酒店要提前预定好,邀请时要问忌口。请客地点选择距离双方都较近的地方。就餐中,筷子放于碗边表明吃完,将筷子立起来扎在碗中是最不吉利的。在日餐中,将筷子横置碗上是对饭菜的不满,在中国也有吃完的意思,竖放盘上是没有吃完。每个人都只能吃自己面前最近的三角形区域的三四盘餐,不要有跨过别人夹远菜的动作,而且每道菜一般连续夹不要超过三次,可以交替夹别的菜。

(2) 西餐。白葡萄酒只能搭配海鲜类肉,即白肉;红酒搭红肉,如牛羊猪肉。红葡萄酒开瓶后多数需要放15分钟后饮用,倒酒只倒到2/3的高度,不能倒满。刀叉从外往里使用,如果刀叉并放在一起至于盘中表明不用了,服务员会来撤掉。身体要保持坐直,手腕搭在桌上,食物就口吃,即不要低头去吃,餐巾平铺在两腿上。

8. 交谈礼仪

交谈的礼仪,与领导交谈不卑不亢,切忌过分拘谨或谦卑;与同事交谈要一视同仁,切忌表现明显的倾向性;与下属交谈,亲切随和,切忌居高临下。说话实在,把握对方的心理状态,设身处地为对方着想。交谈要有技巧,从必要的寒暄开始,营造良好的谈话氛围,亲切自然,始终保持微笑,神情关注,体现情绪交流。常用的礼貌用语,等候别人应说:恭候;请人勿送应用:留步,麻烦别人应说:打扰;求给方便应说:借光;请人解答应用:请问;求人原谅应说:包涵;欢迎顾客应叫:光顾;好久不见应说:久违;中途先走应说:失陪;与人分别应说:告辞。令人讨厌的行为是:①经常向人诉苦,包括个人经济、健康、工作情况,但对别人的问题却不予关心,从不感兴趣。②唠唠叨叨,只谈论鸡毛小事,或不断重复一些肤浅的话题,及一无是处的见解。③态度过分严肃,不苟言笑。④言语单调,喜怒不形于色,情绪呆滞。⑤缺乏投入感,悄然独立。⑥反应过敏,语气浮夸粗俗。⑦以自我为中心。⑧过分热衷于取得别人好感。忌选的话题:非议党和政府,涉及国家秘密或商业秘密,背后议论领导、同事、同行,涉及低级趣味的事情,涉及个人隐私,如收入、年龄、婚否、个人经历。

9. 手势礼仪

手势礼仪之一,大小适度。在社交场合,应注意手势的大小幅度。手势的上界一般不应超过对方的视线,下界不低于自己的胸区,左右摆的范围不要太宽,应在人的胸前或右方进行。一般场合,手势动作幅度不宜过大,次数不宜过多,不宜重复。

手势礼仪之二,自然亲切,与人交往时,多用柔和曲线的手势,少用生硬的直线条手势,以求拉近心理距离。

手势礼仪之三,避免不良手势:①与人交谈时,讲到自己不要用手指自己的鼻尖,而应用手掌按在胸口上。②谈到别人时,不可用手指别人,更忌讳背后对人指点等不礼貌的手势。③初见新客户时,避免抓头发、玩饰物、掏鼻孔、剔牙齿、抬腕看表、高兴时拉袖子等粗鲁的手势动作。④避免交谈时指手画脚、手势动作过多过大。

西方名片小知识

(1) P. P. (pourpresentation):意即介绍。

通常用来把一个朋友介绍给另一个朋友。当你收到一个朋友送来左下角写有"P. P."字样的名片和一个陌生人的名片时,便是为你介绍了一个新朋友,应立即给新朋友送张名片或打个电话。

(2) P. F. (pourfelicitation):意即敬贺。

用于节日或其他固定纪念日。

(3) P. C. (pourcondoleance):意即谨唁。

在重要人物逝世时,表示慰问。

(4) P. R. (pourremerciement)意即谨谢。

在收到礼物、祝贺信或受到款待后表示感谢。它是对收到"P. F."或"P. C."名片的回复。

(5) P. P. C. (pourprendre conge):意即辞行。

在分手时用。

(6) P. F. N. A. (pourfeliciterlenouvelan):意即恭贺新禧。

(7) N. B. (notabene):意即请注意。

提醒对方注意名片上的附言。

第三节 财务人员工作礼仪

案例导入一

著名的 IBM 公司在招聘员工时,特别注重考察应聘者专心致志的工作作风。营销部经理约翰在回忆自己应聘情景时说:"那是我一生中最重要的一个转折点,一个人如果没有专注工作的精神,那么他就无法抓住成功的机会。"那天面试时,公司总裁找出一篇文章对约翰说:"请你把这篇文章一字不漏地读一遍,最好能一刻不停地读完。"过了一会儿,一位漂亮的金发女郎款款而来:"先生,休息一会儿吧,请用茶。"她把茶杯放在桌上,冲着约翰微笑着。

约翰好像没有听见也没有看见似的,还在不停地读。又过了一会儿,一只可爱的小猫伏在他的脚边,用舌头舔他的脚踝,他只是本能地移动了一下他的脚,丝毫没有影响他的阅读。那位漂亮的金发女郎又飘然而至,要他帮她抱起小猫。约翰还在大声地读,根本没有理会金发女郎的话。终于读完了,约翰松了一口气。这时总裁走了进来问:"你注意到那位美丽的小姐和她的小猫了吗?""没有,先生。"总裁又说道:"那位小姐可是我的秘书,她请求了你几次,你都没有理她。"约翰很认真地说:"你要我一刻不停地读完那篇文章,我只想如何集中精力去读好,这是考试,关系到我的前途,我不能不更专注一些。别的什么事我就不太清楚了。"总裁听了,满意地点了点头,笑道:"小伙子,你表现不错,你被录取了!在你之前,已经有50人参加考试,可没有一个人及格。"约翰进入公司后,靠自己的业务能力和对工作的专注热情,很快就被总裁提拔为经理。

案例导入二

握手的礼貌

我国一个企业代表团到欧洲去谈生意,谈判进行得还可以,但欧洲公司的领导人却对中方人员不满地说:"我以后再也不想见你们这位团长了。"原来,中方代表团团长几次与其握手时,眼睛都没有看着他,他觉得不被尊重,受到了伤害。其实,中方代表团团长也许并不是有意不尊重对方,只是他不懂得握手时不看着对方是一种不礼貌的行为。由此可见,握手并不是见面拉拉手那么简单,如果不懂得握手的礼仪规范,即使你与人拉了手,也未必能达到传递感情的效果。分析:通过分析此案例,了解并掌握握手的礼仪规范。

案例导入三

接电话注意礼仪

某经理有事外出,由秘书陈小姐代接电话。恰好有人打电话来找经理,陈小姐拿起听筒先问一问:"请问您是哪一位?"对方回答后,再说一句:"我们经理不在。"说完便挂断了电话。陈小姐是否尽到了职责?

一个人开始工作,走向社会,职场是事业的场所、奋斗的场所、创业的场所。在职场里,交际面最广,要与上司、同事、下属、客户和其他各种各样的人打交道。财务人员的工作中,也会涉及求职礼仪、办公室礼仪、会务礼仪、商务仪式和礼宾活动等,如能熟练掌握将更有利于将来工作的开展。

人们对礼仪有不同的解释。有人说礼仪是一种道德修养,有人说礼仪是一种形式美,有人讲礼仪是一种风俗习惯。礼出于俗,俗化为礼。比尔·盖茨说"企业竞争,是员工素质的竞争",正确的商务礼仪可以有助于维护企业的形象,提高企业的工作效益。作为从事会计工作的会计人员,不仅要加强自己的业务能力,更要提升自己的交际礼仪,保守财务秘密,塑造自己的职业形象。

一、求职礼仪

电话求职是一种求职方式。打电话之前,一定要做好充分的准备工作。首先,要尽量收集了解用人单位的有关情况。其次,要对自己有一个客观、公正的认识。最后,要根据用人单位的需求情况,结合自己的特点,对自己的谈话内容有一个全面的考虑。最好在打电话之前列出一份简单的提纲,然后按照拟定的提纲全面、条理、重点突出地介绍自己的有关情况。要善于推销自己,就要努力控制自己的一些不良情绪,保持良好的心理状态,让听话者能在与你交谈的过程中感受到你的朝气和锐气,以及积极向上、有礼有节的良好品质。一般来说,电话求职应在对用人单位较为了解的情况下使用。时间选择在上午9~10点钟较为合适。打电话的音量要比平常略高,以保证对方能够听得清楚;另外,语速也应稍快于平常讲话,但应保持平稳。要注意控制双方通话时间,力争在不超过2分钟的时间里,把自己的情况介绍清楚,并且能够引起对方的注意。通话过程中,要注意使用并掌握尊称和礼貌用语。

1. 网上求职

简历设计风格力求简洁,篇幅尽量压缩在1~2页纸以内,1页纸能说明问题更好,关键是能最大限度地反映求职优势。除非应聘美工职位,不要使用花哨的装饰或字体。不要把简历贴在附件里,要注意把简历转化为文本文件,不要出现字词及语法类的错误。简历内容重点突出个人专业知识水平;相关技能,特别是动手能力;突出工作履历和经验;突出成就成果。切忌对一家单位不同岗位多次投递简历。

2. 面试礼仪

面试基本素质包括:有备而来,脱颖而出。基本心态是:树立自信,超然发挥。应试者对于面试的成败,首先在思想上应注意淡化,这样才会处变不惊。要强化自信,现代心理学告诉我们:"除了一些基本条件之外,成功来源于自信。"心里坦然,态度自然,说话实事求是,才有可能正常发挥自己的学识和能力水平,甚至超常发挥,取得成功。要保持"平常心",同时要进行自我暗示,提醒自己镇静下来,常用的方法是或大声讲话,把面对的考官当熟人对待;或掌握讲话的节奏,"慢慢道来";或握紧双拳、闭目片刻,先听后讲;或调侃两三句等,这都有助于消除紧张。

在面试时不要老想着面试结果,要把注意力放在谈话和回答问题上,这样就会大大消除你的紧张感,并要做好充分准备。实践证明,面试时准备得越充分,紧张程度就越小。在面试过程中,考官们可能交头接耳,小声议论,这是很正常的,不要把它当成精神负担,而应作为提高面试能力的动力,你可以想象他们的议论是对你的关注,这样你就可以增加信心,提高面试的成功几率。

对考官树立三种心态:第一,双方是合作不是比试。第二,应试者是在通过竞争谋求职位,而不是向考官乞求工作,通过与否的关键在于自己的才能以及临场发挥情况,这不是由考官主观决定的。第三,考官来自不同的行业,一般都具有较高的学历和多年的工作经验,理论水平较高,工作经验也比较丰富。但他们毕竟是人,不是神,有其所长,也有其短,说不定你所掌握的一些东西,他们不一定了解。

3. 面试禁忌

面试中,最忌的首先就是不守时,最好能够提前10分钟到达面试地点。切忌在等待面试时到处走动,更不能擅自在考场外面向里观望,应试者之间的交谈也应尽可能地降低音量。切忌贸然闯入面试室,应试者一定要先轻轻敲门,得到主考官的许可后方可入室。入室时不要先把头探进去张望,而应整个身体一同进去。若非主考人员先伸手,你切勿伸手向前欲和对方握手;如果主考人主动伸出手来,就报以坚定而温和的握手。在主考人员没有请你坐下时切勿急于坐下。请你坐下时,切勿噤若寒蝉,应说声"谢谢"。轻松自如地坐在椅子上,但不要重陷在椅子里。尽可能记住每位主考者的姓名和称呼,不要弄错。面谈时要真诚地注视对方,表示对他的话感兴趣,绝不可东张西望,心不在焉,不要用口头禅。注意用敬语,如"您"、"请"等,市井街头常用的俗语要尽量避免,以免被认为油腔滑调。除非有极重要的理由,否则不要随便打断主考人的说话,或就某一个问题与主考人争辩。即使你认为事情进展得很顺利,也不要太悠然自得。不要在主考人结束面试前表现出浮躁不安,急欲离去或另赴约会的样子。不要直盯对方,也不要以眼瞟人、漫不经心,眼光宜落在主考人的鼻子上为佳。当对方提问时,切忌面带疲倦,哈欠连天,考试前一天一定要保持睡眠充足。不要窥视主考人员的桌子、稿纸和笔记。在说话时切不可面露谄媚、低声下气的表情,不卑不亢的态度才能获得对方的信任。

面试过程中,不要急于问待遇,不能目空一切、盛气凌人或者孤芳自赏、态度冷漠。面试之中,切忌反映出准备不足、欠缺目标、耍小聪明等,也不要使用过多语气词。不能说谎、伪造"历史"和成绩。

4. 面试小技巧

机智应变,言简意赅地作答,切忌长篇大论。对未听清的问题可以请求对方重复一遍或解释一下。显示潜能,例如,应聘会计职位时可以将正在参加计算机专业的业余学习情况"漫不经心"地讲出来,可使对方认为你不仅能熟练地掌握会计业务,而且具有发展会计业务的潜力等。善于聆听,要耐心倾听,要细心,理解对方的"弦外之音",要专心。同一个面试问题并非只有一个答案,而同一个答案并不是在任何面试场合都有效,关键在于应聘者掌握了规律后,对面试的具体情况进行把握,有意识地揣摩面试官提出问题的心理背景,然后投其所好。

二、办公室行为礼仪

办公室行为禁忌包括:不可过分注重自我形象,办公场所经常照镜子、补补妆,不仅给人工作能力低下的感觉,且有伤大雅。要保持你的办公桌整洁,摆放美观大方,避免陈列过多的私人物品。不可滥用公共设施,打电话也好,传真、复印也好,都要注意爱惜公共设施,注意别在办公室里打电话聊天,以免影响他人工作。不可零食、香烟不离口,尤其在有旁人和接听电话时,嘴里万万不可嚼东西。不可形象不得体地浓妆艳抹、环佩叮当、香气逼人、暴露过多,或衣着不整、品位低俗,都属禁忌之列。工作时,语言、举止要尽量保持得体大方,过多的方言土语、粗俗不雅的词汇都应避免。无论对上司、下属还是同级,都应不卑不亢,以礼相待,友好相处。不要高声喧哗,旁若无人,不可随便挪用他人东西,不可偷听别人讲话,不可冷淡同事的客人。不可不注意办公室用餐礼貌,在办公室里用餐,一次性餐具最好立刻扔掉,不要长时间摆在桌子上。餐后将桌面和地面打扫一下,是必须做的事情。有强烈味道的食品,尽量不要带到办公室。在办公室吃饭,用餐时间不要太长。不可借用公司用具有借无还,假如同事顺道替你买外卖,请先付所需费用,或在他回来后及时把钱交还对方。若你刚好钱不够,也要在翌日还清,因为没有人喜欢厚着脸皮向人追讨金钱。同样,虽然公司内的用具并非私人物品,但亦须有借有还,否则可能妨碍别人的工作。

三、辞职礼仪

降低辞职成本,提早 30 天交辞职书,不可旷工。直接跟主管递辞呈,而且诚实地说明辞职的原因。工作合理移交,如果你想把属于自己的档案带走,交辞职信前就应该处理好。离开前匆匆忙忙地准备,难逃"瓜田李下"之嫌。任何资料要带走,应先确认是否有知识产权问题,伤害原公司利益的事情不要做。

四、会务礼仪

会议是指将特定范围的人员召集在一起,对某些专门问题进行研究、讨论,有时还需作出决定的一种社会活动的形式。负责会务工作时,一定要遵守常规,讲究礼仪,细致严谨,做好准备。

1. 开会之前的准备礼仪

举行任何会议,皆须先行确定其主题(包括会议名称)。会议筹备,明确分工,责任到人。举行正式会议均应提前向与会者下发会议通知。会议通知一般应由标题、主题、会期、出席对象、报到时间、报到地点以及与会要求等七项要点组成。会上所用的各种文件材料,一般应在会前准备妥当。对于会场需要的桌椅、音响、用品等,要根据需要做好安排。

2. 会议期间的服务礼仪

会议举行期间,一般应安排专人在会场内外负责迎送、引导、陪同与会人员。凡大型会议或重要会议,通常要求与会者在入场时签名报到。举行较长时间的会议,一般会为与会者安排会间的工作餐。凡重要的会议,均应进行现场记录。有些重要会议,往往在会议期间要编写会议简报。编写会议简报的基本要求是快、准、简。

会议举行期间,应自觉地维护会场的正常秩序,确保其顺利进行。其一,各就各位。出席正式会议时,应在指定处就座。其二,保持安静。会场的安静,是会议顺利进行的基本条件。除正常的鼓掌发言外,严禁出现任何噪音。其三,遵守规定。对有关禁止录音、录像、拍照、吸烟以及使用移动电话等会议的具体规定,应认真予以遵守。其四,专心听讲。参加会议时,应认真而专注地听取一切发言。

3. 会议之后的必备礼仪

会议决议、会议纪要等,要在会后尽快形成,及时下发或公布。根据工作需要与有关保密制度的规定,在会议结束后应对与其有关的一切图文、声像材料进行细致收集、整理工作。大型会议结束后,其主办单位一般应为外来的与会者提供一切返程的便利。

4. 会议主持人礼仪

会议主持人需衣着整洁,大方庄重,精神饱满,切忌不修边幅,邋里邋遢。走上主席台应步伐稳健有力。入席后,如果是站立主持,应双腿并拢,腰背挺直。持稿时,右手持稿的底中部,左手五指并拢自然下垂。双手持稿时,应与胸齐高。坐姿主持时,应身体挺直,双臂前伸。两手轻按于桌沿,主持过程中,切忌出现搔头、揉眼、挠腿等不雅动作。言谈应口齿清楚,思维敏捷,简明扼要。

5. 会议发言人的礼仪

会议发言有正式发言和自由发言两种,前者一般是领导报告,后者一般是讨论发言。正式发言者,应衣冠整齐,步态自然、刚劲有力地走上台,发言时应口齿清晰,讲究逻辑,简明扼要。如果是书面发言,要时常抬头扫视一下会场,不能低头读稿。发言完毕,应对听众的倾听表示谢意。自由发言则较随意,发言应讲究顺序和秩序,不能争抢发言;发言简短,观点明确;与他人有分歧,应以理服人,态度平和。

6. 会议参加者礼仪

会议参加者应衣着整洁,仪表大方,准时入场,进出有序,依会议安排落座;开会时认真听讲,不要私下小声说话或交头接耳;发言人发言结束时,应鼓掌致意;中途退场应轻手轻脚,不影响他人。

7. 洽谈会礼仪

洽谈又称商务谈判。会前,应积极进行材料准备,对自己的谈判方案反复审核。积极了解对手,"以我之长,击敌之短",熟悉谈判程序,学习谈判策略。正式出席洽谈的人员,在仪表上有严格要求和统一规定。男士一律理发、剃须、吹头发。女士选择端庄、素雅的发型,化淡妆。穿着传统、简约、高雅、规范的最正式的礼仪服装。举行双边洽谈时,应使用长桌或椭圆形桌子,宾主应分坐于桌子两侧。若桌子横放,则面对正门的一方为上,应属于客方。若桌子竖放,则应以进门的方向为准,右侧为上,属于客方。洽谈时,各方的主谈人员在自己一方居中而坐。其余人员遵循右高左低的原则,依照职位的高低自近而远地分别在主谈人员的两侧就座。举行多边洽谈时,一般以圆桌为洽谈桌来举行"圆桌会议"。这样,尊卑界限就被淡化了。

五、商务仪式

仪式是指人们在人际交往中,特别是在一些比较盛大、比较庄严、比较隆重、比较热烈的正式场合里,为了激发起出席者的某种情感,或者为了引起其重视,而郑重其事地参照合乎规范与惯例的程序,而按部就班地举行的某种活动的具体形式。

1. 签约仪式

应提前布置好签字厅。布置总的原则是庄重、整洁、清静。正规的签字桌应为长桌,最好铺设深绿色的台布。签署双边性合同时,可放置两张座椅,供签字人就座。签署多边性合同时,可以仅放一张座椅,供各方签字人签字时轮流就座;也可以为每位签字人各自提供一张座椅。签字人在就座时,应面对正门。在签字桌上安放好待签的合同文本以及签字笔、吸墨器等签字时使用的文具。与外商签署涉外商务合同时还需在签字桌上插放有关各方的国旗。签署双边性涉外商务合同时,有关各方的国旗须插放在该方签字人座椅的正前方。国旗摆放要按礼宾次序。

签署双边性合同时,应请客方签字人在签字桌右侧就座,主方签字人同时就座于签字桌左侧。双方各自的助签人,应分别站立于各自一方签字人的外侧。其他随员,按照一定的顺序在双方签字人的正对面就座。也可以依照职位的高低,依次自左至右(客方)或是自右至左(主方)地列成一行,站立于双方签字人的身后。当一行站不完时,可以按照以上顺序并遵照"前高后低"的惯例,排成两行、三行或四行。原则上,双方随员人数,应大体上相近。

在签署多边性合同时,一般仅设一个签字椅。各方签字人签字时,须依照有关各方事先同意的先后顺序,依次上前签字。他们的助签人,应随之一同行动。在助签时,依"右高左低"的规矩,助签人应站立于签字人的左侧。有关各方的随员,应按照一定的序列,面对签字桌就座或站立。

提前准备签约文本,签字人、助签人以及随员,出席签字仪式时,应穿深色西装套装、中山装套装或西装套裙,配以白色衬衫与深色皮鞋。男士还须系上单色领带,以示正规。在签字仪式上露面的礼仪人员、接待人员,可穿自己的工作制服或旗袍一类的礼仪性服装。

2. 开业礼仪

开业仪式前,要做好舆论宣传,尽可能多邀请来宾参加。仪式场地多安排在开业现场。为显示隆重与敬客,可在来宾尤其是贵宾站立之处铺设红色地毯,并在场地四周悬挂横幅、标语、气球、彩带等。应在醒目之处摆放来宾赠送的花篮、牌匾。来宾的签到簿、本单位的宣传材料、待客的饮料等须提前备好。若来宾较多时,须为来宾准备好专用的停车场、休息室,安排好饮食。

开业仪式大都由开场、过程、结局三大基本程序所构成。开场,即奏乐,邀请来宾就位,宣布仪式正式开始,介绍主要来宾。过程,是开业仪式的核心内容,它通常包括本单位负责人讲话、来宾代表致词、启动某项开业标志,等等。结局,则包括开业仪式结束后,宾主一道进行现场参观、联欢、座谈等。

剪彩应准备红色缎带,由一整匹未曾使用过的红色绸缎,在中间结成数朵花团而成。也可代之以长度为2米左右的细窄的红色缎带,或者以红布条、红线绳、红纸条作为变通。红色绸缎上所结的花团,要生动、硕大、醒目,而且其具体数目往往还同现场剪彩者的人数直接相关。循例,红色缎带上所结的花团的具体数目有两类模式可依。其一,花团的数目较剪彩者的人数多上1个。其二,花团的数目较现场剪彩者的人数少上1个。前者可使每位剪彩者总是处于两朵花团之间,尤显正式。新剪刀,是专供剪彩者在剪彩仪式上正式剪彩时使用的。每位现场剪彩者人手一把。剪彩仪式结束后,主办方可将每位剪彩者所使用的剪刀经过包装之后,送给对方以资纪念。在正式的剪彩仪式上,剪彩者剪彩时最好每人戴上一副白色薄纱手套。在剪彩仪式上所使用的托盘,最好是崭新、洁净的。通常首选银色的不锈钢制品。

剪彩者多由上级领导、合作伙伴、社会名流、员工代表或客户代表所担任。需要由数人同时担任剪彩者时,应分别告知每位剪彩者届时他将与何人同担此任。这样做,是对剪彩者的一种尊重。剪彩者不止一人时,应注意上场剪彩的礼宾次序。一般的规矩是:中间高于两侧,右侧高于左侧,距离中间站立者愈远位次便愈低,即主剪者应居于中央的位置。若剪彩仪式无外宾参加时,执行我国"左侧高于右侧"的传统做法,亦无不可。助剪者一般由东道主一方的女职员担任,即礼仪小姐。

正式剪彩前,剪彩者应首先向拉彩者、捧花者示意,待其有所准备后,集中精力,右手手持剪刀,表情庄重地将红色缎带一刀剪断。若多名剪彩者同时剪彩时,其他剪彩者应注意主剪者的动作,与其主动协调一致,力争大家同时将红色缎带剪断。剪彩以后,红色花团应准确无误地落入托盘者手中的托盘里,而切勿使之坠地。

3. 庆典礼仪

庆典是各种庆祝仪式的统称。它举办的时机有:一是本单位成立周年庆典;二是本单位荣获某项荣誉的庆典;三是本单位取得重大业绩的庆典;四是本单位取得显著发展的庆典。组织庆典时,要提前确定出席人员名单,以上人员的具体名单一旦确定,就应尽早发出邀请或通知。成立庆典筹备组,做好分工。接待小组成员的工作:一是来宾的迎送。在举行庆祝仪式的现场迎接或送别来宾。二是来宾的引导。由专人负责为来宾带路,将其送到既定的地点。三是来宾的陪同。对于某些年事已高或非常重要的来宾,应安排专人陪同始终,以便关心与照顾。四是来宾的招待。派专人为来宾送饮料、上点心以及提供其他方面的关照。

庆典地点一般选择本单位的礼堂、会议厅或门前的广场,以及外借的大厅等。可在现场张灯结彩,悬挂彩灯、彩带,张贴一些宣传标语,张挂标明庆典具体内容的大型条幅。

面试经典问题解答

1. 请介绍你自己,回答要点:介绍内容要与个人简历相一致。表述方式上尽量口语化。条理要清晰,层次要分明。
2. 谈谈你的家庭情况,回答要点:简单地罗列家庭人口。强调温馨和睦的家庭氛围等。
3. 你有什么业余爱好?回答要点:最好不要说自己没有业余爱好。最好不要说自己仅限于读书、听音乐、上网,否则可能令面试官怀疑应聘者性格孤僻。
4. 你最崇拜谁?回答要点:不宜说自己谁都不崇拜。不宜说崇拜自己。所崇拜的人最好与自己所应聘的工作能"搭"上关系。最好说出自己所崇拜的人的哪些品质、哪些思想感染着自己、鼓舞着自己。
5. 你的座右铭是什么?回答要点:不宜说太抽象、太长的座右铭。座右铭最好能反映出自己某种优秀品质。
6. 谈谈你的缺点,回答要点:不宜说自己没缺点。不宜说出严重影响所应聘工作的缺点。可以说出一些对于所应聘工作"无关紧要"的缺点,甚至是一些表面上看是缺点,从工作的角度看却是优点的缺点。
7. 谈一谈你的一次失败经历,回答要点:不宜说自己没有失败的经历。不宜说出严重影响所应聘工作的失败经历。最好说明仅仅是由于外在客观原因导致失败,且失败后自己很快振作起来,以更加饱满的热情面对以后的工作。
8. 你为什么选择我们公司?回答要点:建议从行业、企业和岗位这三个角度来回答。
9. 对这份工作,你有哪些可预见的困难?回答要点:不宜直接说出具体的困难,可以尝试迂回战术,说出应聘者对困难所持有的态度。
10. 我们为什么要录用你?回答要点:最好站在招聘单位的角度来回答。招聘单位一般会录用这样的应聘者:基本符合条件、对这份工作感兴趣、有足够的信心。
11. 你是应届毕业生,缺乏经验,如何能胜任这项工作?回答要点:对这个问题的回答最好要体现出应聘者的诚恳、机智、果敢及敬业。

第四节　精神文明与工作和谐

案例导入

狐假虎威的"二掌柜":自从杨玲坐上了总经理秘书的位置,这家投资公司就再也没有安生过。因为在日常工作中杨玲常常代老板传达指令,而她自己却处处一副高高在上的样子。

明明是自己的工作,却颐指气使地分给同事处理;同事忙里偷闲,杨玲却要义正词严地批评一番;甚至同事们讨论些家长里短的闲话,她也要冒出两句点评来……去年年终评选,杨玲得分最低,以前那些关系很好的同事,如今看她都绕道而行。

财务人员处于办公室工作环境中,应注意办公室工作礼仪,营造和谐的工作环境。

一、语言技巧

在办公室里与同事们交往离不开语言,但表达方式不同,造成的后果也大不一样。在办公室说话要注意哪些礼仪呢?

1. 自己的声音和想法

老板赏识那些有头脑和主见的职员。如果你经常只是别人说什么你也说什么的话,那么你在办公室里就很容易被忽视了,你在办公室里的地位也不会很高。

2. 态度友善和气

在办公室里与人相处要友善,说话态度要和气,要让人觉得有亲切感,即使是有了一定的级别,也不能用命令的口吻与别人说话。说话时,更不能用手指着对方,这样会让人觉得没有礼貌。虽然有时候,大家的意见不能够统一,但是有意见可以保留,对于那些原则性并不很强的问题,没有必要争得你死我活。一味好辩逞强,会让同事们敬而远之,久而久之,你不知不觉就成了不受欢迎的人。

3. 谦虚谨慎

如果自己的专业技术很过硬,如果你是办公室里的红人,如果老板非常赏识你,这些就能够成为你炫耀的资本了吗?骄傲使人落后,谦虚使人进步。再有能耐,在职场生涯中也应该小心谨慎,强中自有强中手,倘若哪天来了个更加能干的员工,那你一定马上成为别人的笑料。倘若哪天老板额外给了你一笔奖金,你就更不能在办公室里炫耀了,别人在一边恭喜你的同时,一边也在嫉恨你呢!

4. 避免在工作场合谈隐私

当你的生活出现个人危机,如失恋、婚变之类,最好还是不要在办公室里随便找人倾诉;当你的工作出现危机,如工作上不顺利,对老板、同事有意见、有看法,你更不应该在办公室里向人袒露胸襟。任何一个成熟的白领都不会这样"直率"的。自己的生活或工作有了问题,应该尽量避免在工作场所议论,不妨找几个知心朋友下班以后再找个地方好好聊聊。

5. 注意"小"事

让别人先说,一方面可以表现你的谦虚,另一方面可以借此机会来观察对方,给自己一个测度的时间和从容考虑的余地。不论与什么人交谈,都应对对方有所了解,聪明地避开某些对方忌讳的话题。要学会察言观色,一旦发现自己不小心触及了对方的忌讳,对方面有不快之色或状况极尴尬时,应立即巧妙避开。应避免过于显露自己的才学。交谈的态度以诚恳为宜。要尽量让对方把话说完再插话。实在需要中途插话时,也应征得对方同意。如果几个人一起交谈,要注意不要只把注意力集中到某一个人身上而冷落了其他人。

6. 讲究语言艺术

说话要分场合、要看"人头"、要有分寸,最关键的是要得体。不卑不亢的说话态度,优雅的肢体语言,活泼俏皮的幽默语言,这些都属于语言的艺术。当然,拥有一份自信更为重要,懂得语言的艺术,恰恰能够帮助你更加自信。娴熟地使用这些语言艺术,你的职场生涯会更成功!

二、交往技巧

在办公室里对上司和同事们都要讲究礼貌,不能由于大家天天见面就将问候省略掉了。"您好""早安""再会"之类的问候语要经常使用,不厌其烦。同事之间不能称兄弟道弟或乱叫外号,而应以姓名相称。对上司和前辈则可以用"先生"或其职务来称呼,最好不同他们在大庭广众开玩笑。对在一起工作的女同事要尊重,不能同她们拉拉扯扯、打打闹闹。在工作中要讲男女平等,一切按照社交中的女士优先原则去做未必会让女同事高兴。尽量不要在办公室里吸烟,更不要当众表演自己擅长的化妆术。如很想吸烟或需要化妆,则应去专用的吸烟室或化妆间。若附近没有这类场所,则只好借助于洗手间。

三、接待来访和外出拜访

1. 接待来访

接待来访者要平等待人,而不论其是否有求于自己。回答来访者提出的问题要心平气和,面带笑容。绝不能粗声大气,或者以拳头砸桌子来加重语气。

2. 拜访他人

拜访他人同样要注意礼貌。一般需要事先联系,准时赴约,经过许可,方可入内。在他人办公室里,没有主人的提议,不能随便脱下外套,也不要随意解扣子、卷袖子、松腰带。未经同意,不要将衣服、公文包放到桌子和椅子上。公文包很重的话,则放到腿上或身边的地上。不要乱动别人的东西。在他人办公室停留的时间不宜太久,初次造访以 20 分钟左右为宜。

四、尊重和关心同事

处理好同事之间的关系,最重要的是尊重对方。同事之间可能有相互借钱、借物或馈赠礼品等物质上的往来,但切忌马虎,每一项都应记得清楚明白,即使是小的款项,也应记在备忘录上,以提醒自己及时归还,以免遗忘,引起误会。对同事的困难表示关心,对力所能及的事应尽力帮忙。不在背后议论同事的隐私,对自己的失误或同事间的误会,应主动道歉说明。

同事是与自己一起工作的人,与同事相处得如何,直接关系到自己的工作、事业的进步与发展。如果同事之间关系融洽、和谐,人们就会感到心情愉快,有利于工作的顺利进行,从而促进事业的发展;反之,同事关系紧张,相互拆台,经常发生摩擦,就会影响正常的工作和生活,阻碍事业的正常发展。

五、学会及时感谢

任何人为你做了一些事,不管事情多么微不足道,也不管对方是谁,都要真诚地致谢,而且感谢要及时。当得到了他人的帮助,提供了方便,而忽略对别人的感谢,这是非常失礼的。当别人真诚感谢你时,要自然地说"别客气",不要让别人感觉好像欠了你的人情。受人之助要心存感激,助人为乐是一种美德。

表示感谢,最重要的莫过于要真心实意。为使被感谢者体验这一点,务必要做得认真、诚恳、大方。话要说清楚,要直接,不要连一个"谢"字都讲得含糊不清。表情要加以配合:要正视对方双眼,面带微笑。必要时,还须专门与对方握手致意。表示感谢时,所谢的是一个人,自然应予以突出。所谢的若是多人,可统而言之"谢谢大家",也可具体到个人,逐个言谢。

六、学会诚恳道歉

在社交生活中,有时难免产生一些误解或隔阂,这时就需要向别人道歉。如何道歉?道歉态度要坦荡,勇于向对方表示歉意,这不仅不是一件丢人的事,相反,它反映出一个人内在的涵养和心胸的豁达。道歉语言要诚恳,不虚伪、不做作。道歉时适当地赞许对方的优点,对方觉得自身价值得到了别人的认可和赞许,因而也就较容易原谅别人的过错。应道歉时,就该及早道歉,越拖延就越难以启齿。如果觉得道歉的话说不出口,可以用礼物来代替。如果你自己并没有错,就不要为了息事宁人而违心地道歉。

七、学会恰当赞美

美国著名心理学家威廉·詹姆斯教授曾说过:"人性中最本质的愿望,就是希望得到赞赏。"可以赞美对方较不易为人所知的优点。赞美别人贵在真诚,在与他人交谈即将结束时,你可以对谈话作一番综述,告诉对方他的讲话对你很有启发,使你很有收获。在赞美别人的时候不要犹豫。赞美不仅给听者,也给自己带来极大的愉快。赞美用语不可过度,切不可不顾赞美对象的特征和优点,乱说一通。

八、学会巧妙拒绝

工作中有很多需要说"不"的时候,应该敢于在分歧时大胆表明自己的态度,给予回绝。提出要求的人形形色色,提出的要求也各种各样,要根据事情的性质和与对方的关系来确定表达方式。但不论什么情况,诚恳的态度都是首要和必不可少的。应该使对方明白无误地了解你的意思,不要用含糊的托词:"我再想想看","到时候再说"等,应有明确的信息:"很抱歉,我不能满足你的要求。"当对方提出的要求自己确实无法办到时,应诚恳地讲明原因,说明自己力不从心的处境,请对方给予谅解。拒绝别人时,最忌讳在大庭广众之下或有第三者在场。要讲究方法,尽量把话说得婉转、迂回,富有人情味。

九、学会耐心倾听

不要预设倾听立场,好的倾听者不必完全同意对方的看法,但是至少要认真接纳对方的话语。注重倾听肢体语言,眼睛注视对方、不时点头称是、身体前倾、微笑或痛苦的脸部表情等肢体语言都可用来表达你的意思。要让对方畅所欲言,因为每个人对关于自己的问题一定比别人知道得多,所以不如多给他说话的机会,听听他的看法。学会耐心地倾听,尊重他人,满足对方的自我成就感。

十、行为禁忌

在办公室工作环境中,切忌如下行为:
(1) 过分注重自我形象。办公桌上摆着化妆品、镜子和靓照,还不时忙里偷闲照照镜子、补补妆,不仅给人工作能力低下的感觉,且实在有伤大雅。

(2) 使用公共设施缺乏公共观念。打电话、传真、复印等,都要注意爱惜公共设施。也要注意别在办公室里打电话聊天,以免影响他人工作。

(3) 零食、香烟不离口。尤其在有旁人和接听电话时,嘴里万万不可嚼东西。常吸烟的男士,尽量不要在办公室等公共场合抽烟。

(4) 形象不得体。坐在办公室里,浓妆艳抹、环佩叮当、香气逼人、暴露过多,或衣着不整、品位低俗,都属禁忌之列。工作时,语言、举止要尽量保持得体大方,过多的方言土语、粗俗不雅的词汇都应避免。无论对上司、下属还是同级,都应不卑不亢,以礼相待,友好相处。

(5) 把办公室当自家居室。中午自带的饭盒用电炉加热一下,再煮点小菜做汤,一顿挺丰盛的午餐有了,饭后将餐具之类随手一放。可下午上班后,同事们要在这种充满菜味的屋子进进出出,感觉实在不妙。

(6) 高声喧哗,旁若无人。有什么话慢慢讲,别人也一样会重视你的。其实,你的文质彬彬,可以教会别人同你一起维持文明的环境。

(7) 随便挪用他人东西。未经许可随意挪用他人物品,事后又不打招呼的做法,实在显得没有教养。至于用后不归还原处,甚至经常忘记归还的,就更低一档。

(8) 偷听别人讲话。旁边两人私下谈话,你却伸长两只耳朵;别人在打电话,你两眼紧盯打电话的人,耳朵灵得像兔子,这会使你的形象大打折扣。遇到这种情况,有可能的话还是暂且回避一下为好。

(9) 对同事的客人表现冷漠。无论是谁的朋友踏进你的办公室的门,就是你们的客人,而你就是当然的主人。做主人的,三言两语把客人推掉,或不认识就不加理睬,都有失主人的风度。而客客气气招待同事的客人,客客气气地记录电话,改日你出外办事,你的朋友也同样不会遭受冷落。

(10) 乱传话,打听别人隐私。不要与同事谈论薪水、升降职或他人隐私。遇到麻烦事,要首先报告给顶头上司,切莫透过或越级上告。在外国老板面前打同事们的小报告,常会被当作不务正业,弄不好会搞掉自己的饭碗。

(11) 倚仗关系霸气十足。每个单位都在所难免地存在一些"关系人物",对他们的适当照顾,是富有人情味的表现。但有些人,特别是一些女性,工作要轻松,环境要舒服,薪酬要优厚,权力要掌握,待遇要特殊,还容易自我陶醉,高高在上,霸气十足,颐指气使,破坏单位的规章制度,造成政令不通,工作难以开展。开始,人们还会给她们面子,久而久之则令人讨厌、不屑,四面树敌。

(12) 言行举止态度随便。办公室的工作,迎来送往较多,在待人接物时,不要高傲自大、自以为是、目中无人、夸夸其谈,但也不必缺乏自信、过分腼腆、唯唯诺诺、手足无措,应亲切友善,态度自然,彬彬有礼。空闲时间,应想方设法充实自己的业务知识。言行不要过于随便,譬如坐在办公桌上会客,煲"电话粥",闲聊"八卦",不但影响工作效率,还会给领导留下不好的印象。

(13) 仪表着装不修边幅。办公室女性穿衣打扮不能随心所欲、花枝招展,要考虑到单位的形象。仪表要美观大方,服装要整洁得体,可适当画画淡妆。

(14) 工作位置杂乱无章。每天有几乎 1/3 的时间待在办公室里,要为自己维持一个良好舒适的工作环境。不要零食一大包,零食不离口;或办公桌上摆着化妆品、镜子和美女照片,还不时忙里偷闲照照镜子,补补妆;或摆满鲜花,摆满布娃娃。办公室毕竟不是你的私人卧室,特别是自己的工作位置要保持光亮整洁,文件要摆放得井井有条,切忌弄得乱七八糟。这样才能取得他人的信任,更好地完成工作。

 小贴士

女白领讨人喜欢的九条建议

1. 如果长得不好,就让自己有才气;如果才气也没有,那就保持经常微笑。
2. 气质是关键,如果时尚学不好,宁愿纯朴。
3. 不必什么都用"我"做主语。
4. 和人打"的"时,请抢先坐在司机旁。
6. 不要把过去的事全让人知道。
7. 尊敬不喜欢你的人。
8. 尊重传达室里的师傅及搞卫生的阿姨。
9. 不要把别人的帮助,视为理所当然,要知道感恩。

任 务 模 拟

请同学们分成几个小组,分别选择面试场景、工作场景,选取角色进行模拟,分别指出对方的着装有何优点和缺点。

知 识 拓 展

请自行采访一位从事财务工作的职场人员,了解除本节规定的基本礼仪规范外,不同类型的企业对财务人员还有何特殊的着装要求。

本章练习题

一、选择题

1. 服饰颜色搭配应注意一般不超过（　　）种颜色。
   A. 1   B. 2   C. 3   D. 4
2. 在国际商务活动中,涉外工作人员的服装应遵循"TPO"原则,即 time（时间）、Place（地点）、occation（　　）。
   A. 服装   B. 仪式   C. 场合   D. 鞋袜
3. 女士在比较正式的场合应穿（　　）。
   A. 超短裙   B. 长裤   C. 牛仔服   D. 西装套裙
4. 接电话要及时,一般应在铃响（　　）次之内接起。
   A. 1   B. 2   C. 3   D. 4

5. 下列递交名片方式中,不正确的是( )。
   A. 用双手递送,将名片正面朝向对方送上
   B. 由尊而卑的顺序依次递送
   C. 由近而远的顺序依次递送
   D. 可用单手将名片正面朝向对方送上
6. 在称呼他人方法中,正确的是( )。
   A. 可以称呼对方的绰号以增加亲切感
   B. 在交际开始时,使用高格调的称呼以增加交际对象产生同你交往的愿望
   C. 姓名称呼一般适用于社交、公务场合
   D. 与众人打招呼时,一般先疏后亲为宜
7. 下列各项中,不是按职业称呼的是( )。
   A. 李医生   B. 张博士   C. 王老师   D. 刘教练
8. 正确握手的时长一般为( )秒。
   A. 1~2   B. 3~4   C. 5~6   D. 10
9. 与人交谈时,说法不正确的是( )。
   A. 谈话开始时,适当地寒暄是必要的
   B. 态度诚恳,要有开诚布公、坦率的谈话态度
   C. 要用毋庸置疑的语气,说服对方同意你的观点
   D. 要学会聆听
10. 求职面试时可向主考官( )。
    A. 急问待遇   B. 委婉提出待遇问题
    C. 不问待遇   D. 待遇随便
11. 求职面试时没听清主考官提问时应当( )。
    A. 胡乱猜测   B. 请考官重述一遍
    C. 随机应变   D. 岔开话题
12. 在社交场合中,涉及位置的排列,原则上都讲究( )。
    A. 左尊右卑   B. 以右为尊
    C. 左右一样   D. 不同场合不同尊卑
13. 下列各项中,不属于会前组织工作内容的是( )。
    A. 形成会议文件   B. 确定会议主题
    C. 拟发会议通知   D. 做好会务工作

二、判断题

1. 穿整套西装时不一定要穿正装皮鞋,可以穿布鞋、旅游鞋等。 ( )
2. 着装应注意颜色搭配,白色代表着淡雅、圣洁、纯净,不仅适合于夏天,而且适合于各种肤色的人。 ( )
3. 规范穿着职业服装的要求是整齐、清洁、挺括、大方。 ( )
4. 面试开始时,应试人可以自己找座位坐下,不用等别人让座。 ( )
5. 打电话求职之前,一定要做好充分的准备。 ( )

6. 网上求职的个人简历越详细越好。　　　　　　　　　　　　　　（　）
7. 求职面试时应试者要树立自信。　　　　　　　　　　　　　　　（　）
8. 求职面试时应试者要放低姿态,不明白的地方就要虚心请教或坦白说不懂。（　）
9. 办公室辞职应提早30天交辞职书。　　　　　　　　　　　　　（　）

三、简答题

1. 请谈谈自己选择服装的感受和体会。
2. 日常生活中违反服装礼仪规范常见的现象有哪些?
3. 请检查站姿、坐姿和行姿等方面是否正确。找出自己的毛病并加以纠正。
4. 结合日常生活实际,说明人们在使用电话过程中经常出现的失礼行为以及纠正途径。
5. 求职面试时的基本态度应怎样?
6. 办公室有哪些礼仪要求?

四、案例分析题

1. 让学生根据自己特点设计服饰搭配,注意肤色、高矮、胖瘦、个人气质等。
2. 让学生表演打领带。
3. 训练向客人递接物品、进出办公室、引领客人、指路与指方向的仪态举止。
4. 分组进行站姿、坐姿、走姿、蹲姿、表情、手势等内容的基本训练。
5. 由学生设计模拟对话进行介绍训练:练习与不同角色的人握手顺序;练习互递名片和接收名片顺序。
6. 演示在公司见到同事、上司时的见面问候礼仪,要求有称呼、握手、递接名片、给其他同事介绍与你同去的第一天上班的新同事(人物:同事1人、上司1人、新同事1人、第一天上班的人员1名)。
7. 以秘书的身份模拟接电话内容如下:

第一个电话:对方要找人事部王经理,秘书告知王经理不在的对话情景。

第二个电话:对方打错了电话,秘书的应对。

第三个电话:秘书自己拨错了电话时的应对。

8. 为了公司的进一步发展,康健公司决定修建专门用于生产食用油的车间,关于车间的建设、布局问题,公司决定去其他公司参观学习、取经。请演示事先打电话联系,到达后对方秘书作介绍,互赠名片,握手认识的场面。要将接打电话、称呼、介绍、握手、问候、递接名片等交际礼节,连贯地演示下来(人物:康健公司,生产部王经理、基建处章经理、李秘书。弘力公司,生产部洪经理、赵秘书。地点:弘力公司接待处)。
9. 求职面试时的提问五花八门、包罗万象,请设计一个人才招聘会,分别模拟招聘方和应聘方进行问答。
10. 广州利达金属制品公司,为企业的进一步发展,近期在招聘各个岗位的人员,其中需要招聘秘书2人。2个秘书专业毕业的大学生今天来应聘,由利达公司的秘书接待了他们,这两位大学生来到招聘办公室。请演示接待及招聘、应聘的全过程(人物:负责接待的人员,2位大学生,人力资源部经理、参加招聘的秘书各1人)。

第二章 组织纪律

本章综述

规矩就是底线,纪律就是高压线。只有知晓规矩、认同规矩、遵守规矩、维护规矩,才能把纪律和规矩作为悬在头上的"三尺利剑""在我们身边,还有小部分人存在着政治上迷茫、思想上片面、工作上本位、行动上自我等问题,这需要我们提高警惕。"

知识要点

组织纪律概念及作用

纪律管理的意义

纪律管理的理论基础

团队管理中组织纪律的意义及作用

第一节 组织纪律概念及作用

案例导入一

　　一次,红军来到一个地方征粮,可是,粮食被前面的军队征去了,他们只好离开。途中,他们路过一片橘林,但不摘一个橘子,别人给他们也不要。这是红军严格遵守《三大纪律八项注意》的事迹。事情虽小,但意义深远。正是红军保持着不拿群众一针一线的严明纪律,才使得自己与其他军阀的部队有了明显的区别,因而也真正得到了群众的支持,成为一支优秀军队,一支受群众爱戴的好军队。

　　一个企业,如果没有了纪律作为保障,企业员工无章可依、无规可循,该上班时不上班,该工作时不工作,企业的生存、发展又该从何谈起呢?企业的使命就是将自己制订的计划变为现实。无论哪个企业,要真正做到这一点,就必须依靠严明的纪律,因为,纪律是保证执行力和战斗力的先决条件。

　　因此,我们可以这么说:一个人的成功,也只有在团队的成功中才能得到体现。没有严明的纪律,事情就不会成功。纪律由少数人制定,由所有成员遵守和执行,而自律则是纪律的重要组成部分。尤其是企业的领导者和管理者,更应该带头遵守有形的规章制度和无形的企业文化。只有这样才能真正地贯彻执行和切实遵守企业的纪律。

案例导入二

　　联想集团有个开会迟到罚站的制度,规定如果开会迟到不请假就一定要罚站,十几年来无人例外。就连董事长柳传志也被罚站了3次。有一次,柳传志被关在了电梯里。当时还没有手机,叫天天不应,叫地地不灵,只好罚站。在联想,罚站其实是一件很严肃很尴尬的事情。开小会的时候罚站是独自站着;开大会的时候罚站,会议都要暂停,全体静默等待你站1分钟。

　　制度制定后不久,柳传志的老领导就"以身试法",柳传志同样没有让纪律形同虚设。他当即跟老领导说:"开完会了,我到你家给你站1分钟!"漫长的1分钟,老领导站了一身汗,柳传志也坐了一身汗。尴尬之情不需言表,但是纪律就是纪律。

　　但凡成功的企业,都会有自己的纪律,让员工有法可依,同时,有法必依。制度不是定来给人看的,而是定来遵守的。所以,无论是谁,只要是这个单位的人,就应该受这个制度的约束,这样才能发挥制度的作用。柳传志为了维护制度,与普通员工一样受罚,才造就了中国IT第一品牌。

　　其实,企业制定制度的目的不是惩罚,而是告诫员工遵守纪律的底线。联想如此,TCL也如此。作为著名的企业,TCL在员工管理上也特别强调纪律。

　　没有严格的纪律,就没有绝对的成功。军人的天职是执行命令,而企业成功的前提则是执行纪律。

　　对于一个团队来说,优秀的人才重要,正确的战略重要,完善的制度和严明的纪律更重要。但这些都只是先决条件。只有团队所有成员绝对地服从与执行,才能把这一切资源、力量整合起来,才能把战略变成现实。

发明布林线的布林格曾这样说:"我认为要成为一个成功的投资者,应具备三种素质,第一是纪律,第二是纪律,第三还是纪律,对自己的控制力是成功的关键。"一个员工也好,一名军人也好,一旦接受了,就必须认真地服从、坚决地执行。

同样,在任何一个团队里,如果所有成员都能够认真执行组织纪律,并服从上司的命令和安排,那么,这样的团队必然是强大的、富有战斗力和生命力的;相反,如果团队的成员不能够执行组织纪律、服从上司的命令和安排,那么,这样的团队必将遭受失败,甚至走向灭亡。

因此,作为企业的一名员工,你必须坚决执行企业纪律,服从上司的命令和安排。无论什么时候,你都应该主动积极地去完成上司交给你的任务。你一定要记住:只有服从纪律并执行命令的员工才是最好的员工。

对于一个企业来说,如果拥有好的制度,但不去坚决地执行,那么,再好的制度也只是一纸空文,没有任何意义。因此,好的制度必须要有好的执行,只有坚决执行纪律的企业,才是真正卓越的企业,也只有这样的企业,才能取得真正的成功。

一、纪律管理的意义

1. 什么是纪律

广义上说,纪律就是秩序。但着重强调,纪律并不意味着僵硬的规定和严格的信条遵守,而是指正常而有秩序的活动。

2. 什么是纪律管理

所谓纪律管理,是指维持组织内部良好秩序的过程,也即凭借奖励和惩罚措施来纠正、塑造以及强化员工行为的过程;或者说是将组织成员的行为纳入法律的环境,对守法者给予保障,对违法者给予适当惩罚的过程。

二、纪律管理的理论基础

纪律管理的基本理念,源于管理者对人性的基本假设,其相关理论主要是,X、Y 理论,行为调适理论和内外控制理论。

1. X、Y 理论

根据消极的 X 理论,管理者把纪律管理视为增强行为的一种要求,认为员工之所以顺从劳动纪律,是因为他们惧怕强制措施或处罚办法,而不是因为他们能够自我约束。因此,将纪律管理定义为当员工违反组织的法规规则时,组织对员工所采取的行动。

积极的 Y 理论的基本假设是,员工会遵行他们已经明白且接受的目标和标准,并能够进行自我约束和自我指导。因此,它将纪律管理定义为训练员工使其自我控制,并使工作变得更有成效的程序。

2. 行为调适理论

行为调适理论认为,人的行为会受到外在刺激的影响而改变。

3. 内外控制理论

一个人由内定的主宰机制来判断其认知的控制机制,即为内外控制理论。

三、会计职业道德自律的含义

自律与修养是两个意思相近且有着密切联系的不同概念。自律从狭义上讲,是指自律主体按照一定的标准,自己约束和控制自己言行和思想的过程。其与修养的共同之处在于最终目的都是使自己的言行至善至美。两者的主要区别是:自律强调的是"律",是由外向内的求,是将一定的具体标准作为具体行为的参照物进行的自我约束、自我控制,并使具体的言行达到至善至美;而"修养"强调的则是"养",是由内向外的求,在于"心灵"的修炼,它的参照标准并不具体,行为也较抽象,难以用规范的语言进行描述。而广义的自律就是包含着修养在内的自律。

自律按其动因可以分为"外律"和"内律"两种。外律就是以外在的规定(如会计职道德准则)作为参照物,通过外力的推动作用而进行的自我约束和控制,是一种被动和不自觉的行为过程;内律是指没有具体的规定作为参照物,通过加强自身修养产生的内在需求,自觉自愿地自我约束和控制的行为过程。外律是自律的初级阶段,内律是自律的高级阶段。

需要指出的是,外律和他律是有区别的。他律虽然也是"以外在规定作为参照物"的,但是它是在外力的强制推动下的一种被动的自我约束和控制;而外律则不具有这种被动的强制性,它是一种被动的自觉性。外律、内律和他律之间的关系是:他律是自律的基础阶段,外律是自律的初级阶段,内律则是自律的高级阶段。

会计职业道德自律是指职业会计人员在会计职业生活中,在履行对他人和社会的会计义务的过程中形成的一类会计职业道德意识。它既是职业会计人员的一种强烈的职业道德责任感,又是职业会计人员依据一定的会计职业道德标准进行自我评价的能力素质。会计职业道德自律作为会计职业道德的一类情感,是职业会计人员对他人和社会义务责任的强烈感情表现,而作为一种自我评价能力素质,会计职业道德自律又是一定社会道德原则和规范在职业会计人员意识中形成的相对稳定的会计信念和意志的表现。会计职业道德自律的核心是会计职业的良心,它是对会计职业责任的一种自觉意识,是职业会计人员认识、情感和信念三个意识的统一。因此,会计职业良心在职业会计人员的道德生活中就不仅仅是能使职业会计人员依据一定的职业道德原则和规范自觉地选择与决定行为的发自内心的巨大精神力量,而且在职业会计人员的行为过程中起着重要的主导作用。同样需要指出的是:会计职业道德自律与他律是相辅相成的,是法治与德治相得益彰的统一和相互补充。因此,在强调会计职业道德自律的同时,不能忽视作为他律的会计职业义务,这是建立会计职业道德自律机制必不可少的。

四、团队管理中组织纪律的意义及作用

严明的纪律无疑是保证一个团队具有强大战斗力的先决条件,也就是说,纪律是一切团队生存和发展的基石,一个团队要想长久生存、持久发展,就必须依靠严明的纪律。

任何一个企业要正常运作,都必须有一系列完善的规章制度来约束全体员工,只有在这些规章制度的保障下,整个企业才能高效、有序地运转下去。因此,从现代管理学的角度来说,一个优秀的团队是建立在完善的制度之上的。

因为,一个团队虽然是所有个体成员的集合,但它必须依靠纪律把这些成员凝聚在一起。而这个时候,纪律就好比聚沙成石的溶剂,把一颗颗松散的沙粒凝聚起来,粘在一起,形成坚固的磐石,迸发出强大的力量。

在现实生活中,我们每一个人都会受到纪律的约束,因为,只要有社会组织、集体和团队的存在,就必然有其相应的纪律规范,相应的,生活中的每一个人必然会存在于某一个或几个社会组织、集体、团队之中。

然而,纪律在执行的过程中,往往有松散与严明之分。松散的纪律,带来的必然是软弱乏力、崩溃失败的结局;而严明的纪律,带来的则是无坚不摧、所向无敌的胜利。因此,有人说,一支军队之所以所向披靡、战无不胜、攻无不克,不是因为它拥有多么先进的武器,而是在于它所拥有的纪律。

古人云:"将帅之道,亦以法立令行,整齐严肃为先。"这里提到的法就是纪律,要建立有战斗力的组织,必须要从严肃法纪入手,通过建章立制,树立纪律的威严,为实现团队的最终目标创造条件。

其实,纪律无处不在,对于任何一个团队而言,严明的纪律都是其赖以存在的生命之源、立足之本。但要打造一个有战斗力的团队,必须以严明的纪律为准绳,经过长期磨炼才能打造出来。

列宁曾经就这一点作了自己的阐述:"劳动者的组织性、纪律性、坚毅精神以及同全世界劳动者的团结一致,是取得最后胜利的保证。"纪律是团队成功的基础,有了纪律,才会有良好的秩序,才会有团队的成功。

在任何一个团队中,纪律都是铁的原则,不容置疑、不容违背,给人的感受或许也是严肃而冷酷的。对于违背它的人,它会毫不容情地给予教育和惩戒,而对于遵守它的人,它也会呈现出亲和而温情的一面,进而给予有效的庇护和保证。

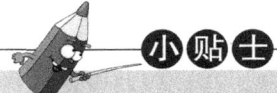

庄稼大收之际,有战士不懂爱护,随意踩踏。为保护庄稼,曹操下令战士不许践踏庄稼,违者斩。此后情况好转,庄稼很好。一次,曹操在经过麦地时因战马受到惊吓跑进麦田踩坏了麦子。曹操要执行军令,割首谢罪,但因众将劝说且顾虑到大局,决定割发代首。

第二节 财务人员职业操守、工作规范和纪律守则

案例导入一

小张和小赵是同一个单位的会计和出纳,多年来同处一室,在工作上互相配合,关系很好。小赵的丈夫个人开办了一个经销电脑配件的公司。最近根据电脑市场信息,有一种计算机软件销量前景看好,但因个人账面资金不足,无法进货。于是,小赵的丈夫让小赵想办

法借些款项。小赵想到了单位账户的存款,于是自己填了票面金额为24 000元的现金支票一张,在小张上班离开办公室时,私自将小张保管的印鉴加盖在现金支票上,从银行提取了现金。1个月后,小赵又填写现金缴款单将24 000元现金存入单位银行账户。不久,小张在月末对账时,发现了此事。本案中,小赵的行为属于挪用公款、公私不分,违背了会计职业道德规范中对于廉洁自律的要求。廉洁就是不贪污钱财,不收受贿赂,保持清白。自律是指自律主体按照一定的标准,自己约束自己、自己控制自己的言行和思想的过程。廉洁自律是会计职业道德的前提,也是会计职业道德的内在要求。其基本要求是:树立正确的人生观和价值观;公私分明,不贪不占;遵纪守法,尽职尽责。廉洁自律要求会计人员公私分明、不贪不占、遵纪守法、清正廉洁。对此,应向单位会计部门负责人(会计主管)报告该行为,由会计部门负责人(会计主管)对小赵违背会计职业道德规范的行为进行处理。

案例导入二

有个留学生去美国迪斯尼乐园应聘清洁工,园方说要进行3个月培训,他大吃一惊:"不就是扫地吗,还用培训?告诉我负责范围就行了。"园方说:"真没那么简单。"待拿来培训课程一看,这位留学生又大吃一惊:这儿哪是培训清洁工,简直是培训游乐园园长啊! 这是一份什么样的培训课程呢?

第一项,要熟记游乐园内所有游乐设施和公共设施的位置。如果游客有需要,必须在第一时间告诉他们"最近的卫生间、餐厅、出口、急救站、游乐项目……"的位置。

第二项,学习修理轮椅和童车。清洁工随身配发简单修理工具,遇到游客的车坏了,能及时提供帮助。

第三项,培训各种相机的使用方法以及照相的基本知识。当游客家人要合影时,你可以提供很好的帮助。

第四项,学会照顾孩子。当妈妈们想去卫生间时,穿着制服的你代表游乐园,是"可信赖的人"。你要好好地看护孩子,让妈妈们安心。

第五项,学习简单的"手语"。如果有语言和听力障碍的残疾人需要帮助,你能应付自如。

第六项,掌握急救小常识。遇到心脏病病人,跌倒受伤的孩子等,能及时施救。

……

每个清洁工的责任是什么?经过培训,这位留学生明白了,清洁工的责任还是"修理工、摄影师、急救员、保姆……"

任何一个行业的责任范围都具有延展性,只要你想做,服务范围可以无限扩大。

迪斯尼的理论是要把清洁工培训成为顾客最可信任的人,把所有的员工培养成为具有职业意识的人。那么,什么是职业意识呢?职业意识集合了法律、法规、行业规定、企业条文等方面,细分为责任意识、规范意识、质量意识、服务意识、沟通意识、团队合作意识、劳动保护意识等。职业意识需要通过家庭教育、学校教育及个体自我发展得到培养与训练。

案例导入三

美国有一个非常负责任的女管家,由于她忠于职守,受到约翰逊总统的赞誉。一天,美国经济学家葛尔布莱回到家后感觉疲惫不堪,想睡一个好觉,于是他特意吩咐女管家,无论谁来电话,都不要打搅他。但是,当他刚刚入睡,约翰逊总统就来电话找他。女管家和气、委婉地向总统解释:"葛尔布莱先生刚从国外讲学回来,很疲劳,刚刚入睡。请您原谅,总统先生!我暂时不能叫醒他。"

约翰逊说有要紧的经济政策问题要同葛尔布莱商量,执意要管家叫醒他。女管家耐心地解释说:"不,总统先生,他身体有些不适,方才特意嘱咐过我,他不接任何人的电话。我现在只能是替他工作,为他负责,而不是替你工作。请您放心,待他醒来之后,我一定将你打来电话的事情及时转告他。何况只有在他休息好之后,才能精力充沛地同你讨论经济政策问题,你说对吗,总统先生?"

女管家的话有理有据,约翰逊心服口服,只好放下电话。葛尔布莱醒来后,立刻去见总统,并表示了深深的歉意。没想到约翰逊总统丝毫没有责怪之意,反而对女管家大加赞赏,并建议说:"请转告你的女管家,如果她愿意,那就请她到白宫来工作,这里需要像她那样的人。"

一、培养责任意识

1. 责任意识的含义

《新华字典》对"责任"一词的注解是:分内应做的事和没做好分内事而应承担的过失。责任能体现一个人的人生观、价值观和世界观,表现他对待人生和生命环境的态度。

责任意识是指清楚明了地知道什么是责任,并自觉、认真地履行自己的职责,把意识转化到行动中去的心理特征,经常被称为"责任心或责任感"。

根据责任文化研究专家唐渊在《责任决定一切》(清华大学出版社)中的阐述,责任是一个完整的体系,包含五个方面的基本内涵:责任意识是"想干事";责任能力是"能干事";责任行为是"真干事";责任制度是"可干事";责任成果是"干成事"。

2. 责任的重要性

在一项调查中,用人单位对毕业生各方面素质的看重程度显示为:责任感(意识)4.56分、团队精神4.42分、事业心4.37分和自信心4.29分,满分均为5分。企业认为责任等同于使命,员工的责任意识能体现他对企业的忠诚度和热爱感。具备责任意识的个人及团队,能尽职尽责地完成工作,如果能"多做一点点",则会产生优秀的员工和优秀的团队。

近年来,不少企业反映,刚刚毕业进入职场的学生往往就业态度不够端正、很浮躁,工作状态不够理想,主要表现在以下五个方面:

(1) 基础知识不扎实,专业技能不强,且静不下心去学习。

(2) 工作很被动,不积极,也不虚心向前辈学习。

(3) 没有组织纪律,对工作、对企业的业务学习等活动很不重视。

(4) 受不得委屈,往往因一点小事就跳槽,把问题带到另一个工作单位。

(5) 心高气傲,不肯承认错误,喜欢找借口为自己推脱责任。

这些现象令企业管理者感到十分头疼。他们认为,刚踏入职场的毕业生缺乏过硬的技能并不可怕,只要加以引导和耐心指点,工作很快可以上手。但如果心态不好,责任心不强,则很难得到改进,企业往往会主动放弃这一类人员。

3. 细分责任,悉心培养责任感

(1) 培养角色意识。做好每一件小事,把承担的每件事当成本职工作,尽职尽责地去完成。无论是帮助家人拖一次地,还是照顾邻居家的爱犬,以及担任某个班干部职务,都要把它看成是一份"工作",一旦承诺、接受,就要认认真真地去完成。我们一直说,"认真可以把事情做对,用心才能把事情做好",用心就是自始至终的认真。如果责任感缺失,就会不在乎细节,也看不到细节,更无法做好细节。

有一次,某学校选派几位同学帮助一家合作企业搞宣传,他们的主要任务是派发宣传单。第一天上班,几位学生就迟到了10分钟,虽然能按基本要求工作,但总体上缺少积极主动性。活动结束以后,企业向学校真诚地表达了他们对这些学生的看法,学校也意识到对他们引导得不够。后来,学校专门针对此事教育学生:即便是以帮助者的身份出现,也应全力以赴,做到最好,应该积极主动,绝不能迟到;外派到企业参加工作,所代表的是学校形象,企业可以通过学生来考察学校的教育成效;更为重要的是,哪怕是短时间的工作,也应立即进入角色,融入企业为其工作,因为派单员在当时所要代表的是企业形象。经过这样的教育,学生们受益匪浅,学校也吸取了教训,加大对学生责任心的教育和引导。

古人云"在其位谋其政"。既然承担了某一项任务,就要尽心尽力地把它干好。上海电气液压气动有限公司液压泵工段长——全国十大杰出工人李斌就是这方面的典型。正是靠挤和钻的敬业精神,以及强烈的责任心,他从一名初级技工成长为一位专家型的技术工人,两次荣获全国劳动模范和全国五一劳动奖章,从而成为现代蓝领的楷模。

(2)培养社会责任意识。企业认为责任胜于能力,是敬业精神的表现。良好的责任意识能体现个人对企业的忠诚和对工作的热爱,而这需要个人自觉的习惯和意识去维护。孩子在家中分担家务,学生在学校担任干部,都能为培养责任意识提供平台。职业院校各类社团活动能为培养责任意识创造条件,从家庭劳动到班级值勤,从学习知识到校外活动,都可以以任务形式交学生完成。

现今,志愿服务和环境保护是学生参与社会实践的大好平台,可以帮助在校学生建立社会责任感、激发学生的助人奉献精神。广州在举办完第16届亚运会后,继续开放志愿者服务站"西关小屋",并把它们分派到各大高校,指引大学生利用课余时间服务社会,造福于民。随着志愿者服务制度的完善,国家对青年一代的社会责任意识培养也落到了实处。作为新一代的学生,应该自觉树立较强的社会责任感,寻找各种机会锻炼自己,促使自己成为一个责任心强的人、可以成就事业的人。

(3)勇于承担过失。人们追求正确地做事,做正确的事,但失误在所难免。发生过失时,有责任心的人具有很强的承担意识,敢于直接面对问题,并想办法尽快解决问题。

承担意识包括承担全部个人导致的问题,并迅速补救,以最大限度地挽回损失;还包括与集体一起分摊责任,尽己之力参与补救。西点将军布莱德雷有一句名言说道:如果你存心拖延、逃避,你就会找出成千上万个理由辩解为什么不能够把事情完成。承担过错,意味着拒绝借口。

(4)培养控制意识。这包括控制自己的欲望、时间、目标、承诺和情绪等。责任意识强的人,要求清楚地知道自己能做什么、不能做什么、要做到什么、在什么时间完成和对谁负责。一个负责任的教师,不会把突遭的不幸带上讲台;一个有责任的医生,不会把昨日的忧伤带到手术台;一个负责的司机,不会把没有评到优秀的失落感带进驾驶室……

(5)培养追求完美的意识。在这个世界上,许多人对自己的工作并不满意,但他们却不努力去改变自己的现状,年复一年、日复一日地默默忍受着工作为他们带来的苦恼。一些人认为,老板给我多少钱,我就给他做多少事,八点钟打卡,绝不七点半到,做一天和尚就撞一天钟。殊不知,机遇总是垂青那些有准备的人,只有在工作中使出十二分甚至更多力气的人,才会得到先机。追求完美,不全在结果,更在于过程的美好。人在追求完美的过程中,自己才是最大的赢家。

二、财务人员职业操守

财务人员应自觉学习党和国家的路线、方针、政策,提高政治觉悟和理论素养,保持廉洁自律,严格遵守国家有关法律、法规,依照《会计法》《会计基础工作规范》《企业会计制度》等相关规定及公司各项财务制度,根据公司的授权,在工作职责范围内按规定开展各项财务会计业务。

1. 讲诚信

财务人员要将诚信作为立身之本,不做假账,不设账外账,不编制和对外提供虚假的或者隐瞒事实的财务会计报告,牢记"诚信为本、操守为重、遵循准则、不做假账"的警训。

2. 讲原则

财务人员要有坚定的原则性,坚决按照国家的财经方针、政策以及财务规章制度办事,坚决维护制度和纪律的严肃性,对己对人一视同仁、不徇私情、秉公于心,维护法律、法规的尊严。

3. 讲规范

财务人员要依法办事,按照有关财经法律、法规,以及相关规定的程序和要求开展财务工作,保证所提供的会计信息合法、真实、准确、及时、完整,从而有效防范风险,提升公司运作效率和经营效能,确保工作有章可依,有据可查。

4. 善学习

财务人员要成为具有持续学习力的员工,不断学习专业知识、业务知识、政治理论等,努力拓宽知识面和提高技能水平,提升职业判断能力,通过后续教育保持和提高专业胜任能力,适应竞争需要。

5. 勤思考

财务人员要勤于思考,善于思考,思考是一种力量,思考能产生思路,思路带来成果,成果孕育思想,思想引发变革,从而推动各项工作的开展。

6. 重执行

财务人员要不折不扣地把上级分配的工作认真落实,以实际行动提供支撑和服务。

7. 精业务

财务人员要热爱本职工作,努力钻研业务,具备必要的学识及业务能力,熟悉公司的经营活动和内部控制要点,持续改进工作方法,努力提高工作效率和工作质量,使自己的知识和技能适应工作的要求。

8. 懂政策

财务人员要熟悉财经法律、法规和国家统一的会计制度和公司的各项制度,并结合财务工作进行广泛宣传。

9. 立公正

财务人员办理会计事务应当实事求是,保持形式和实质上的独立,客观公正,依法设置会计账簿,严守职业操守,保持公信力。

10. 倡服务

财务人员要熟悉本单位的生产经营和业务管理情况,运用掌握的会计信息和会计方法,为改善单位内部管理、提高经济效益服务,并运用掌握的财务信息和财会分析方法,为公司各级领导的决策提供服务。在具体处理日常财务业务时,不论上级下级、内部外部客户,都要一视同仁、公正对待,做到语言文明、仪表端庄、态度和蔼、主动热情、微笑服务,严禁无故退单故意刁难,妥善处理工作中出现的各种问题与矛盾。

11. 慎言行

财务人员作风要严谨细致,举止文明大方。保守本单位的商业秘密,除法律规定和单位同意外,不能私自向外界提供或者泄露单位的财务会计信息。

12. 讲团结

财务人员要有良好的全局观念和团队精神,工作中互相帮助,积极配合,不推诿扯皮,敷衍了事,勇于承担责任,共同营造积极向上、团结和谐的工作氛围。

三、财务人员纪律守则

严禁接受相关单位或个人赠送的现金(包括有价证券、支付凭证)和各种礼品,对因各种原因不能拒收的现金(包括有价证券、支付凭证等)和各种礼品应上交处理。

严禁参与相关业务单位安排的可能妨碍或被认为妨碍其公正行使职责的各种活动。

严禁在相关业务单位报销任何费用,严禁向业务单位提出与财务工作无关的要求。

严禁刁难办理业务的内、外部客户,对于不符合有关规定或违反财经制度的经济事项要做好解释工作,主动协助其规范相关经济行为。

严禁泄露公司的经营秘密,未经同意,不得将公司经营资料提供给任何第三方。

严禁有无视财经纪律的行为发生,严禁玩忽职守,疏于监督,徇私舞弊,严禁利用职务之便,为自己或他人谋取利益,情节严重的交司法机关处理。

1. 办理现金结算的禁令

财务人员在办理现金结算业务时,严禁下列行为:

(1) 以不符合财务会计制度规定的凭证代替库存现金。
(2) 未经批准将公款以任何名义借给其他单位。
(3) 未经批准坐支或未按开户银行核定的坐支范围和限额坐支现金。
(4) 库存现金超出开户银行核定的库存限额。
(5) 未遵守中国人民银行规定的现金开支范围,超规定限额使用现金。

2. 办理银行结算的禁令

财务人员在办理银行结算业务时,严禁下列行为:

(1) 签发没有资金保证的票据或远期支票,套取银行信用。
(2) 签发、取得和转让没有真实交易和债权债务的票据,套取银行和他人资金。
(3) 无理拒绝付款,任意占用他人资金。
(4) 违反规定开立和使用账户,出租、出借账户。

（5）利用预付、应收等会计科目转移资金,在账外及表外存储资金。
（6）将单位的资金以个人名义开立账户存储。

3. 税务管理方面的禁令

财务人员在税务管理方面,严禁下列行为:
（1）不按规定开具和保管发票,代开、虚开发票。
（2）伪造、买卖、私自印制发票。
（3）违反规定向他人提供发票。
（4）弄虚作假、偷逃税款或明知他人偷逃税款而协助或为其提供方便。

4. 财务管理和会计核算中的禁令

财务人员在财务管理和会计核算工作中,严禁下列行为:
（1）利用职权或工作上的便利,违反财经纪律和财会制度规定,为己或他人谋取不当利益或为谋取不当利益提供方便。
（2）利用职权或工作上的便利,挪用公款、私借公款、公款私存,或私自用公款从事外汇、期货、股票、债券、基金及金融衍生产品的买卖。
（3）利用内部结算账户为非内部账户单位进行业务结算,为没有业务关系的单位或个人套取内部资金或货币资金充当结算中介、虚构收支业务。
（4）对非内部账户单位实行内部结算方式,自制内部支票或其他方式的结算凭证充当结算工具,替代资金支付。
（5）违反公平、公正原则履行管理职能和职权。
（6）其他损害企业利益,违反财经法律、法规和会计制度的行为。

四、行政管理组织纪律制度

（1）员工应以认真负责的态度,严谨务实的作风做好本职工作,办公讲求效率。
（2）员工应自觉遵守作息时间,严格执行劳动纪律,上班不迟到、不早退、不准中间私自离岗,外出办公要说明去向。有私事或生病不能上班须事先请假。
（3）讲究礼貌,注重仪容。员工服装要庄重、大方、清洁。
（4）各办公室、会议室严禁吸烟。
（5）保持办公环境优美清洁,不得随意丢弃杂物。
（6）爱护公共财物,节约用水用电。
（7）办公时间要保持肃静,不准串岗聊天;嬉闹、高声喧哗和争吵。
（8）严格要求自己,遵守公司的各项规章制度。

小贴士

有一次列宁去克里姆林宫理发室理发。当时,这个理发室只有两位理发师,忙不过来,很多人都坐着排队,等候理发。列宁进去后,大家连忙让座,并且请列宁先理,可是列宁却微笑着对大家说:"谢谢同志们的好意,不过这样做是要不得的,每个人都应该遵守公共秩序,按照先后次序理发。"他说完后,就随手搬了一把椅子,坐在最后一个位置上。

第三节 财务人员道德纪律

案例导入

2014年11月,东茂公司因产品销售不畅,新产品研发受阻。公司财会部预测公司本年度将发生800万元亏损。刚刚上任的公司总经理责成总会计师王某千方百计实现当年盈利目标,并说:"实在不行,可以对会计报表做一些会计技术处理。"总会计师很清楚公司本年度亏损已成定局,要落实总经理的盈利目标,只能在财务会计报告上做手脚。总会计师感到左右为难:如果不按总经理的意见去办,自己以后在公司不好待下去;如果照总经理意见办,对自己也有风险。为此,总会计师思想负担很重,不知如何是好。本案中,总会计师王某应当拒绝总经理的要求。因为总经理的要求不仅违反了《会计法》第四条"单位负责人对本单位的会计工作和会计资料的真实性、完整性负责"、第五条"任何单位或者个人不得以任何方式授意、指使、强令会计机构、会计人员伪造、变造会计凭证、会计账簿和其他会计资料,提供虚假财务会计报告"的规定,也违背了会计职业道德中的会计人员应当诚实守信、客观公正、遵守准则的要求。

一、职业道德与企业的发展

职业道德在企业文化中占据重要地位,表现在以下几个方面:
(1)企业环境需要由职工来维护和爱护。
(2)职工没有严格遵守规章制度的觉悟,企业的规章制度就形同虚设。
(3)实现企业价值观、经营之道和企业发展战略目标的主体是职工。
(4)企业作风和企业礼仪本来就是职工职业道德的表现。
(5)职业道德对职工提高科学文化素质和职业技能具有推动作用。
(6)企业形象是企业文化的综合表现。

职业道德是增强企业凝聚力的手段,是协调职工、同事关系的法宝,有利于协调职工与领导之间的关系,可以提高企业的竞争力,有利于企业提高产品和服务质量。

企业要提高产品质量,给顾客提供优质的服务就必须重视职工职业道德的教育和提高:
(1)掌握扎实的职业技能和相关专业知识是提高产品和服务质量的前提。
(2)工作的认真态度和敬业精神是提高产品和服务质量的直接表现。
(3)忠于企业,维护企业形象,是提高产品和服务质量的内部精神动力。
(4)严格遵守企业的规章制度,服从企业安排是提高产品和服务质量的纪律保证。
(5)奉献社会,真正以顾客为"上帝",全心全意地为顾客服务是提高产品和服务质量的外部精神动力。

职业道德可以降低产品成本、提高劳动生产率和经济效益:

（1）职工具备良好的职业道德有利于减少厂房、机器、设备的损耗，节约原材料，降低次品率。

（2）职工具备良好的职业道德，职工与职工之间，职工与领导之间，职工与企业之间就会保持协调、融洽、默契的关系，从而降低企业作为整体的协调管理费。

（3）职工具备良好的职业道德，提高产品和服务的质量，从而降低了企业与政府、社会和顾客的谈判交易费用。

（4）职工具备良好的职业道德，有较强的时间观念，在工作中惜分珍秒，有利于提高劳动生产率。

职业道德可以促进企业技术进步，主要原因在于：

（1）具有良好的职业道德是职工提高创新意识和创新能力的精神动力。

（2）具有良好的职业道德是职工努力钻研科学文化技术、革新工艺、发明创造的现实保证。

（3）职工具有良好的职业道德是企业保守科技机密的重要条件。

职业道德有利于企业树立良好的形象、创造企业著名品牌，主要原因在于：

（1）企业形象是企业文化的综合反映，其本质是企业信誉，商品品牌是企业形象的核心内容。职工具有良好的职业道德，有利于企业形象和创造著名品牌。

（2）在现代媒体十分发达的今天，企业职工的表现直接影响企业形象和品牌。

二、职业道德与人自身的发展

职业是指人们由于社会分工而从事具有专门业务和特定职责并以此作为主要生活来源的工作。人总要在一定的职业中工作生活，主要原因在于：

（1）职业是人谋生的手段。

（2）从事一定的职业是人的需求。

（3）职业活动是人全面发展最重要的条件：①职业活动是人生历程的重要环节。②职业活动是人获得全面发展的重要途径。

职业道德是事业成功的保证，主要原因在于：

（1）没有职业道德的人干不好任何工作。

（2）职业道德是事业成功的重要条件。

（3）每一个成功的人往往都有较高的职业道德（职业道德包括，职业理想、进取心、责任感、意志力、创新精神等）。

职业道德品质反映着人的整体道德素质。人的道德素质是人的综合素质的一个方面，它自身包含丰富的内容：从道德的结构来看，人的道德素质包括道德认识、道德情感、道德意志、道德行为等内容。从道德可能涉及的领域来看，则包含恋爱、婚姻、家庭道德、职业道德内在的根本的道德价值观念，在人的整个道德素质中，居于核心和主导的地位。

人的职业道德的提高有利于思想道德素质的全面提高。从职业道德的角度来讲，"服务意识"表现为服务态度和服务质量。

（1）只有经过严格的职业训练和生活磨炼的人，才能获得有用的知识和智慧。

（2）一个想成就事业的人，必须经受得住诱惑以及考验。

（3）最伟大的人物无一不是经过严格的职业训练，无一不是历经千辛万苦取得辉煌成就的。

三、文明礼貌

所谓文明,是同"野蛮"相对的,是指人类社会的进步状态。它包括物质文明和精神文明,有时专指精神文明。礼貌一词,在中国古代指"礼仪""礼""礼节"等,是维护奴隶社会和封建社会的典章制度和道德规范。在社会主义市场经济条件下,礼貌是社会主义人与人平等友爱、互相尊重的新型社会关系的体现。因此,我们今天的"礼貌"一词是指人们在一切交往中,语言举止谦虚、恭敬,彬彬有礼。文明礼貌指人们的行为和精神面貌符合先进文化的要求。

文明礼貌是从业人员的基本素质,是上岗的首要条件和基本素质。文明礼貌是企业形象的重要内容。一般来说,企业形象包括企业的道德形象、内部形象和外部形象。内部形象主要指企业的内部管理形象,包括企业员工的整体素质、企业管理风格、企业经营目标、企业经营作风、企业竞争观念和企业进取精神等。外部形象是指企业的公众形象、经营形象和社会评价等。

文明职工是指在社会主义精神文明建设中起模范带头作用,自觉地做有理想、有道德、有文化、有纪律的先进职工。

文明礼貌的具体要求如下所述。

1. 仪表端庄

仪表端庄是指一定职业从业人员的外表要端正庄重。仪表端庄的具体要求包括:①着装相互大方。②鞋袜搭配合理。③饰品和化妆要适当。④面部、头发和手指要整洁。⑤站姿端正。

2. 语言规范

语言规范或称规范语言,是人们在特定的职业活动中形成的或明文规定的语言标准或规则,是职业用语的基本要求。

职业用语的基本要求包括:①语感自然。②语气亲切。③语调柔和。④语速适中。⑤语言简练。⑥语意明确。

职工上岗以后,在接待服务对象时必须说好三声,即招呼声、询问声、道别声。语言要求和婉、让步、幽默。

举止得体是指从业人员在职业活动中行为、动作要适当,不要有过分或出格的行为。具体要求包括:①态度恭敬;②表情从容;③行为适度;④形象庄重。

待人热情是指上岗职工在接待服务对象时,要有热烈的情感,是与人交往的首要条件,基本要求包括:①微笑迎客;②亲切友好;③主动热情。

四、爱岗敬业

爱岗敬业作为最基本的职业道德规范,是对人们工作态度的一种普遍要求。爱岗就是热爱自己的工作岗位,热爱本职工作;敬业就是要用一种恭敬严肃的态度对待自己的工作。敬业可以分为两个层次:功利的层次和道德的层次。

爱岗敬业的最高要求是投身于社会主义事业,把有限的生命投入无限的为人民服务中去。

爱岗敬业是中华民族的传统美德。从业人员踏上工作岗位以后,碰到第一个问题就是职业态度问题。所谓职业态度,是指人们在职业地位、思想觉悟、道德品质和价值目标影响下形成的对自己所从事工作的认识及其劳动态度。爱岗敬业是现代企业精神,劳动者素质是一个多内容、多层次的系统结构,主要包括职业道德素质和专业技能素质。

当前严峻的就业现实要求人们爱岗敬业,主要原因在于:

(1)求职者是否具有爱岗敬业精神是用人单位挑选人才的一项非常重要的标准。

(2)爱岗敬业是企业对从业人员的职业要求。

在社会主义市场经济条件下,爱岗敬业的具体要求包括:树立职业理想、强化职业责任和提高职业技能。

所谓职业理想,是指人们对未来工作部门和工作种类的向往和对现行职业发展将达到什么水平、程度的憧憬。

职业理想的三个层次:初级、中级和高级。

(1)初级层次职业理想。大部分人的工作目的首先是为了维持自己家庭的生存,过安定的生活,这是人对职业的最初动机、最低要求,是职业理想的基本层次。初级层次的职业理想具有普遍性。

(2)中级层次职业理想。主要是通过特定的职业,施展个人的才智,这是职业理想的中级层次。中级层次的职业理想表现出因人而异的多样性。

(3)高级层次职业理想。人们工作的目的是承担社会义务,通过社会分工把自己的职业同为社会、为他人服务联系起来,同人类的前途和命运联系起来。即三个层次分别是谋求生存、发展个性、承担社会义务。

职业责任是指人们在一定职业活动中所承担的特定的职责,它包括人们应该做的工作和应该承担的义务。

职业活动是人一生中最基本的社会活动,职业责任是由社会分工决定的,是职业活动的中心,也是构成特定职业的基础,往往通过行政的甚至法律方式加以确定和维护。

职业责任的特点包括:①明确的规定性;②职业责任与物质利益存在直接关系;③法律及其纪律的强制性。

职业道德责任就是以什么态度并如何对待和履行自己的职业责任,是完成职业责任的道德评价。任何一种职业都把忠实地对待、圆满地履行职业责任作为从业人员或集团最基本的职业道德要求。

职业责任修养,即通过用一定的职业道德原则和规范对自己的职业责任意识进行反省、对照、检查和实际锻炼,提高自己的职业责任感。

从业人员的职业责任修养活动包括以下两个方面的内容:

(1)学习与自己有关的岗位责任制度,形成责任目标。

(2)在职业实践中不断比照特定的责任规定对自己的思想和行为进行反省和检查。

职业技能也称职业能力,是人们进行职业活动、履行职业责任的能力和手段。职业技能包括:实际操作能力。所谓职业教育是指,通过教育和培训使从业人员掌握相应的职业知识和技能。

五、诚实守信

诚实守信作为一种职业道德,是指真实无欺、遵守承诺和契约的品德和行为。

诚实守信对为人处世至关重要：
(1) 做人是否诚实守信是一个人品德修养状况和人格高下的表现。
(2) 做人是否诚实守信，是能否赢得别人尊重和友善的重要前提条件之一。
怎样成为一个诚实守信的人？
(1) 正确认识利益问题。首先是正确对待自我利益与他人利益关系；其次是正确处理眼前利益和长远利益的关系问题。
(2) 开阔胸襟，培养高尚的人格。
(3) 树立进取精神和事业意识。
诚实守信是从业之要：
(1) 从个人角度来讲，诚实守信是个体品德、人格问题，只关系到个人成长、心理健康和人格完善。
(2) 从个人与他人和社会关系角度来讲，关系到社会信任问题。
诚实守信的具体要求包括：①忠诚所属企业；②维护企业信誉；③保守企业秘密。所谓忠诚所属企业，是指心中始终装着企业，总是把企业的兴衰成败与自己的发展联系起来，愿意为企业的兴旺发达贡献自己的一份力量。忠诚所属企业的具体要求如下：①诚实劳动；②关心企业发展；③遵守合同和契约。诚实劳动十分重要，主要表现在：①它是衡量一个劳动者素质高低的基本尺度。②它是一个劳动者人生态度、人生价值和人生理想的外在反映。③它直接关系到一个劳动者人生追求和价值的实现。④它直接影响企业的形象和企业的兴衰成败，从而间接影响个人利益的实现。⑤会影响一个民族、一个国家产品的国际竞争力，影响该国该民族的发展，间接影响每个劳动者利益的实现。

六、办事公道

办事公道是正确处理各种关系的准则。办事公道是指我们在办事情、处理问题时，要站在公正的立场上，对当事双方公平合理、不偏不倚，不论对谁都是按照一个标准办事。

办事公道的具体要求包括：①坚持真理；②公私分明；③公平公正；④光明磊落。坚持真理必须做到：①在大是大非面前立场坚定；②在腐朽思想等面前立场坚定；③积极改造世界观；④按原则办事；⑤正确认识公与私的关系，增强整体意识，培养集体精神；⑥要富有奉献精神；⑦要从细微处严格要求自己；⑧在劳动创造中满足和发展个人的需要。公平公正是指按照原则办事，处理事情合情合理，不徇私情。要做到公平公正，就要：①坚持按原则办事；②不徇私情；③不怕各种权势，不计较个人得失。光明磊落是指做人做事没有私心，胸怀坦白，行为正派。要做到光明磊落，就要：①把社会、集体利益放在首位；②说老实话，办老实事，做老实人；③坚持原则，无私无畏；④敢于负责，敢担风险。

七、遵纪守法

遵纪守法是指每个从业人员都要遵守纪律和法律，尤其要遵守职业纪律和与职业活动有关的法律、法规。

经济法包括：①关于市场主体的经济法律、法规，如《企业法》《公司法》等。②关于市场运行管理的经济法律、法规，如《产品质量法》《经济合同法》等。③关于宏观调控的经济法律、法规，如《统计法》《会计法》。④关于劳动和社会保障的经济法律、法规，如《国有企业职业待业保险规定》。

职业纪律产生于职业分工,是在特定的职业活动范围内从事某种职业的人们必须共同遵守的行为准则,包括劳动纪律、组织纪律、财经纪律、保密纪律、宣传纪律、外事纪律等纪律要求及各行各业的特殊纪律要求。

职业纪律的特点包括:①明确的规定性;②一定的强制性。

遵纪守法是从业人员的基本要求,是从业人员的基本义务和必备素质,是每个人员的基本要求。

职业纪律是每个从业人员开始工作前就应明确的,在工作中必须遵守,必须履行的职业行为规范。职业规范包括岗位责任、操作规则、规章制度。职业纪律是最明确的职业规范,它以行政命令的方式规定了职业活动中最基本的要求,明确规定了职业行为的内容,指导从业人员应该做什么。

遵纪守法的具体要求包括学法、知法、守法、用法。学法、知法,增强法制意识,首先,要增强法律意识。法制意识大体包括:①法治观念;②"法律面前一律平等"观念;③"权利与义务"观念。其次,要有针对性地学习和掌握自己所从事的职业的相关法律、法规,以及岗位规范。守法是指遵守一切法规,即遵守宪法、法律、法令、条例、部分程序和决议等。在公民守法问题上,最重要的一点在于弄清个人利益和人民整体利益的一致性。

职业纪律的内容从大的方面来看,主要表现为国家机关、人民团体和企事业单位根据国家的宪法和法律结合职业活动的实际所制定的各种规章制度;从小的方面来讲,则相当具体详细,如作息时间、操作规程、安全规则等。这些纪律都有强制性和自觉性。

要做到遵纪守法,应做到:①必须了解与自己所从事的职业相关的岗位规范、职业纪委和法律、法规。②要严格要求自己,在实践中养成遵纪守法的良好习惯。③还要敢于同不良现象做斗争。

八、团结互助

团结互助的重要性表现在:①团结互助营造人际和谐氛围。②团结互助增强企业内聚力。

团结互助的基本要求是:①平等尊重;②顾全大局;③互相学习;④加强协作。平等尊重是指在社会生活和人们的职业活动中,不管彼此之间的社会地位、生活条件和工作性质有多大差别,都应一视同仁,互相尊重,互相信任。其中,平等尊重、互相信任是团结互助的基本和出发点。

要做到平等尊重,以诚相待,要注意遵循以下道德要求:①上下级之间平等尊重。②同事之间相互尊重,同事关系是从业活动中最常见的人际关系。③师徒之间相互尊重。④尊重服务对象。

顾全大局是指在处理个人和集体利益的关系上,要树立全局观念,不计较个人利益,自觉服从整体利益的需要。

互相学习是团结互助道德规范的中心一环。

加强协作是指在职业活动中,为了搞好协作,从业人员之间,包括工序之间、工种之间、岗位之间、部门之间的关系,完成职业工作任务,彼此之间互相帮助、互相支持、密切配合,搞好协作。

要做到加强协作,应注意处理以下两个问题:①正确处理好主角与配角的关系。②正确看待合作与竞争。竞争的基本原则是既竞争又协作。

有一次,刘少奇同志去散步,走到某炮兵阵地,想进去看看,站岗的战士不让进,随行人员上前对战士说:"少奇同志想去看看阵地。"战士认真地说:"上级有规定,要有上级指示才能看。"随行人员很生气,少奇同志却没有生气,反而笑着说:"回去吧!"说着就往回走。一边走一边告诉随行人员:"回去告诉那个战士的领导,不要批评他,他做得很对。"后来部队领导知道了,要批评那个战士,少奇同志再次让工作人员转告部队领导:"这个战士认真地执行规定制度,不但不能批评,还应该表扬。"

任 务 模 拟

1. 请班里同学分为几个小组,分别陈述关于组织纪律方面的案例并讨论分析。
2. 请同学们分为几个小组,分别扮演企业中财务人员(会计、税务、审计等),在企业环境中就各工作任务进行模拟,并指出其在企业工作规范、纪律操守等方面的优点与不足。

知 识 拓 展

请自行采访一位从事财务工作的职场人员,了解除本节规定的基本职业操守、工作规范和纪律守则外,不同类型的企业对财务人员还有何特殊的工作要求?

本章练习题

一、选择题

1. 从我国历史和国情出发,社会主义职业道德建设要坚持的最根本的原则是(   )。
   A. 人道主义　　　B. 爱国主义　　　C. 社会主义　　　D. 集体主义
2. 在职业活动中,主张个人利益高于他人利益、集体利益和国家利益的思想属于(   )。
   A. 极端个人主义　　　　　　　B. 自由主义
   C. 享乐主义　　　　　　　　　D. 拜金主义
3. 职业道德的"五个要求"既包含基础性的要求又有较高的要求。其中最基本要求是(   )。
   A. 爱岗敬业　　　B. 诚实守信　　　C. 服务群众　　　D. 办事公道
4. 在职业活动中,有的从业人员将享乐与劳动、奉献、创造对立起来,甚至为了追求个人享乐,不惜损害他人和社会利益。这些人所持的理念属于(   )。
   A. 极端个人主义的价值观　　　B. 拜金主义的价值观

C. 享乐主义的价值观　　　　　　D. 小团体主义的价值观

5. 在职业活动中关于"忠诚"原则的说法中,不正确的是(　　)。
A. 无论我们在哪一个行业,从事怎样的工作,忠诚都是有具体规定的
B. 忠诚包括承担风险,包括从业者对其职责本身所拥有的一切责任
C. 忠诚意味着必须服从上级的命令
D. 忠诚是通过圆满完成自己的职责,来体现对最高经营责任人的忠诚

6. 古人所谓的"鞠躬尽瘁,死而后已",就是要求从业者在职业活动中做到(　　)。
A. 忠诚　　　　B. 审慎　　　　C. 勤勉　　　　D. 民主

7. 职业化包括三个层面内容,其核心层是(　　)。
A. 职业化素养　　　　　　B. 职业化技能
C. 职业化行为规范　　　　D. 职业道德

8. 在无人监督的情况下,仍能坚持道德观念去做事的行为被称为(　　)。
A. 勤奋　　　　B. 审慎　　　　C. 自立　　　　D. 慎独

9. 下列选项中,既是一种职业精神,又是职业活动的灵魂,还是从业人员的安身立命之本的是(　　)。
A. 敬业　　　　B. 节约　　　　C. 纪律　　　　D. 公道

10. 在现实生活中,有些人不断地从一家公司"跳槽"到另一家公司,虽然这种现象在一定意义上有利于人才的流动,但是同时在一定意义上也说明这些从业人员缺乏(　　)。
A. 感恩意识　　　　　　　　B. 奉献精神
C. 理想信念　　　　　　　　D. 敬业精神

二、判断题

1. 员工的责任意识不能体现他对企业的忠诚度和热爱感。（　　）
2. 财务人员应自觉学习党和国家的路线、方针、政策,提高政治觉悟和理论素养。（　　）
3. 财务人员严禁接受相关单位或个人赠送的现金,但可以接受其礼品。（　　）
4. 《会计法》关于会计档案外借的规定:企业会计档案资料能外借。（　　）
5. 员工应以认真负责的态度、严谨务实的作风做好本职工作,办公讲求效率。（　　）
6. 职业道德是增强企业凝聚力的手段,是协调职工同事关系的法宝。（　　）
7. 工作的认真态度和敬业精神是提高产品和服务质量的间接表现。（　　）
8. 职业是指人们由于社会分工而从事具有专门业务和特定职责并以此作为主要生活来源的工作。（　　）
9. 文明礼貌是指人们的行为和精神面貌符合先进文化的要求。（　　）
10. 职业纪律是指财务人员开始工作前就应明确的,在工作中必须遵守,必须履行的职业行为规范。（　　）
11. 广义上说,纪律就是秩序。但着重强调,纪律并不意味着僵硬的规定和严格的信条遵守,而是指正常而有秩序的活动。（　　）
12. 自律与修养是四个意思相近且有着密切联系的不同概念。（　　）
13. 会计职业道德自律又是一定社会道德原则和规范在职业会计人员意识中形成的相

对稳定的会计道德和职业表现。（　　）

14. 自律按其动因可以分为"外律"和"内律"两种。（　　）

15. 在一个团队中，纪律都根据情况而定，按照自身情况随意更改。（　　）

三、简答题

1. 简述责任意识的含义及重要性。
2. 简述责任意识在企业中的作用及影响。
3. 财务人员是否应该严格遵守职场纪律？为什么？
4. 财务人员在办理银行结算业务时，严禁哪些行为？
5. 行政管理组织纪律制度有哪些？
6. 职业道德在企业文化中占据重要地位表现在哪几个方面？
7. 职业道德是否可以促进企业技术进步？为什么？
8. 职业道德是否是事业成功的保证？为什么？
9. 爱岗敬业指的是什么？举例说明。
10. 简述遵纪守法的含义及作用。
11. 阐述诚实守信概念及作用？
12. 简述纪律管理的基本理念。
13. 自律分为哪几种？分别是什么？其作用是什么？
14. 会计职业道德中什么最重要？为什么？
15. 团队管理中组织纪律有什么意义及作用？

四、案例分析题

1. 广东海马公司是一家国有企业，王某是该公司的出纳，仗着自己是会计机构负责人的侄子，在报销业务招待费时，同样是领导批准、主管会计审核无误的业务招待费报销单，对于和自己私人关系不错的人是随来随报，但对于和自己有矛盾、私人关系较为疏远的人则以账面无款、库存无现金、整理账务等理由无故拖欠。2007年年底，会计科发现，该年度业务招待费超过规定的开支标准，于是，会计人员张某为讨好领导，找来一些假发票，将超支的业务招待费列入管理费用的其他项目。

要求：请根据现行有关规定，回答下列问题：

（1）该公司的会计工作岗位分工是否有违反法律规定之处？为什么？

（2）出纳王某在报销业务招待费时，是否遵守了会计人员职业道德规范？如果你是出纳员，对此问题应该如何处理？

（3）会计人员张某使用假发票的行为是否违背了会计职业道德规范？为什么？

2. 因实施岗位轮换，小刘从筹资和投资岗位轮换到了成本费用岗位，负责成本费用的核算。成本费用核算，工作量大，业务繁忙，与以前筹资和投资核算业务相比，小刘的工作量大大增加，但其工资收入却没有增长，引起了小刘的强烈不满。小刘在工作中出现以下情况：

（1）小刘向会计部经理提出，要求调回原工作岗位，其所提出的理由是：熟悉原来的核算业务，可以大大提高工作效率。

(2) 小刘应其爱人的要求,将本公司开发新产品的成本资料和技术资料复印后,提供给其爱人单位。

(3) 小刘整日牢骚满腹,对待工作粗心大意,频频出现核算错误,引起同事的强烈不满。

(4) 小刘对待前来办理业务的相关部门人员,面无表情,态度冷淡,甚至故意刁难。

要求:

(1) 分析财务经理是否会同意小刘的要求,将其调回筹资和投资核算岗位。实施岗位轮换对会计人员的业务素质有何影响?

(2) 分析事项(2)至事项(4)中小刘的行为分别违背了会计职业道德的哪些方面?

3. 海丰公司是一家国有企业。刘某是海丰公司一名会计,刘某的儿子在当地一所名牌大学就读会计专业,刘某为了让儿子更好地体验会计实务,在未经任何领导批示的情况下,将公司的记账凭证和会计账簿带回家给儿子看。此外,在参加单位组织的会计人员继续教育过程中,刘某经常缺席,对培训内容一无所知。

要求:请根据现行有关规定,回答下列问题:

(1) 刘某将公司的记账凭证、会计账簿带回家的行为是否符合规定?为什么?

(2) 你认为刘某缺席会计人员继续教育培训的行为是否违背了提高技能的会计职业道德规范?为什么?

(3) 你认为应该如何达到提高技能的要求?

4. 2013年,A公司由于经营管理和市场方面的原因,经营业绩滑坡。为了获得配股资格,A公司的主要负责人张三便要求公司财务总监李四对该年度的财务资料进行调整,以保证公司的净资产收益率符合配股条件。李四组织公司会计人员王五以虚做营业额、隐瞒费用和成本开支等方法调整了公司财务资料。A公司根据调整后的财务资料,于2003年10月申请配股并获批准发行。

要求:根据上述资料,试分析回答下列问题:

(1) 哪些当事人存在何种违法行为?哪些当事人违反了哪些会计职业道德要求?

(2) 哪些单位或部门可以对相关当事人进行何种处理?并说明理由。

5. 某会计师事务所甲注册会计师2013—2014年度一直为乙公司做审计业务,并负责在审计报告上签字。甲注册会计师2009年曾为乙公司推销过产品,2012年曾担任过乙公司的独立董事,2013—2014年度担任乙公司的财务顾问,持有乙公司股票并连续交易。

要求:哪些行为可能损害甲注册会计师独立性。

6. 某公司是一家生产电子产品的大型国有控股公司。2014年12月,由于产品销售不畅,公司面临亏损。公司董事长责成财会部经理胡某对会计报表做技术处理,实现当年盈利目标,并承诺如果做得好,将推荐他作为公司总会计师人选。胡某知道本年度公司亏损已成定局,如要落实董事长的盈利目标,只能在会计报表上造假。于是,胡某通过虚拟交易、向子公司转移广告费支出等方法,将公司会计报表从亏损做成盈利。

要求:胡某的行为违背了哪项会计职业道德要求。

7. 某公司为获得一项工程合同,拟向工程发包方有关人员支付好处费10万元。公司市场部持公司董事长的批示到财会部申领该笔款项。财会部经理王某认为,该项支出不符合有关规定,但考虑到公司主要领导已作了批示,即同意拨付该笔款项。

要求:试分析王某的行为违背了哪项会计职业道德要求。

8. 李某是某代理记账公司提供专业服务的会计人员,为了遵循会计职业道德强化服务的要求,李某为客户提供服务如下所述:

(1) 向委托单位提出改进内部控制的建议和意见。

(2) 利用专业知识向委托单位提出偷税的建议。

(3) 在委托单位举办财会知识培训班宣讲会计法律制度,帮助树立依法理财观念。

(4) 为帮助委托单位负责人完成业绩考核任务,提出将固定资产折旧和银行借款利息挂账处理的建议。

要求:试分析李某的行为是否正确?分别指出正误处。

9. 某公交公司因经营管理不善而长年亏损,新上任财务部经理张某抓住公司经营管理中的薄弱环节,以强化成本核算和管理为突破口,将成本逐层分解至每一辆车辆及其司乘人员,并创建了成本监控中心,不仅使每日、每车的运营收支情况一目了然,而且对异常成本变动能立即采取应对措施。有效的成本管理为公司领导作出扩大购车规模、增加营运能力的决策提供了科学依据,经过努力,公司营业收入在3年内翻了两番,彻底扭转了亏损局面。

要求:试分析从会计职业道德角度分析,本案例中的正确行为。

10. 王某,23岁,会计专业大学本科毕业后到某市一国债服务部工作,担任柜台出纳兼任金库保管员。2000年5月11日,王某偷偷从金库中取出1998年国库券30万元,4个月后,王某见无人知晓,胆子开始大了起来,又取出50万元,通过证券公司融资回购方法,拆借人民币89.91万元用来炒股,没想到赔了钱。王某在无力返还单位证券的情况下,索性于2000年12月14日、15日,将金库里剩余的14.03万元国库券和股市上所有的73.7万元人民币全部取出后潜逃,用化名在一处民房租住隐匿。至此,王某共贪污1998年国库券94.03万元,折合人民币118.51万元。案发后,当地人民检察院立案侦查,王某迫于各种压力,于2001年1月8日投案自首,检察院依法提起公诉。

要求:王某的行为违反了会计职业道德哪项要求?

第三章

职业道德篇

本章综述

为适应社会主义市场经济建立和完善的需要,为规范会计工作秩序和提高我国会计工作水平,我国制定了一系列的会计法规,形成了一个相对比较完善的会计法规体系。这一会计法规体系,对规范会计行为、促进经济发展发挥了重要的作用。另一方面,通过加强会计职业道德教育,会计职业道德建设取得了很大成绩,会计人员职业道德水平有了较大程度的提高。本章重点是对会计职业道德及其与会计法律制度的联系等进行阐述,通过本章的学习,了解在会计职业活动中应遵循的职业道德,加强会计人员职业道德培养。

知识要点

会计职业道德概述及具体表现。

会计职业道德与会计法律制度的联系。

第一节 会计职业道德概述

案例导入

2014年11月,甲公司因产品销售不畅,新产品研发受阻。公司财会部门预测本公司本年度将发生800万元亏损。刚刚上任的公司总经理责成总会计师王某千方百计实现当年盈利目标,并说"实在不行,可以对会计报表做一些会计技术处理。"总会计师很清楚公司本年度亏损已成定局,要落实总经理的盈利目标,只能在财务会计报表上做手脚。总会计师感到左右为难:如果不按总经理的意见去办,自己以后公司不好待下去,如果按照总经理的意见去办,对自己也有风险。为此,总会计师思想负担很重,不知如何是好。

一、会计职业道德的含义

会计职业道德是指在会计职业活动中应遵循的、体现会计职业特征的、调整会计职业关系的职业行为准则和规范。会计职业道德包括他律和自律两个方面。他律是以会计职业责任和义务为核心,侧重于防范会计人员的不正当的职业行为,因而,通常采用政府或社会组织的限制性或禁止性条款(包括法律、法规和规章制度等)的形式,公布会计从业人员不应该做什么。自律则是以职业良心、职业精神为核心,侧重于倡导会计从业人员应自觉遵循的职业行为,因而,通常采用描述形式提出会计从业人员应该做什么。

会计职业道德不是一成不变的,而是一个不断发展的变化过程。随着经济市场化的加快和科学技术的飞速发展,经济利益更加多方位地影响着每一位社会成员,同时,会计的职能也得到了进一步的扩展和延伸,会计工作方式和手段都发生了深刻的变化,现代化的计算机和互联网技术日益广泛地应用到会计的各种工作岗位上。会计领域的变化是非常显著的,一方面对于促进和提高会计职业的科学性、准确性、合理性等具有重要作用;另一方面又对会计职业的从业人员的素质提出了更高的要求,并对强化会计职业道德与责任带来了许多新的问题与挑战。特别是随着市场运行机制的变革,会计环境也变得日趋复杂化。这种变化不但对会计核算、会计报告和会计监督提出了更高的要求,而且势必引起会计理念、会计技术方法等方面的变革,从而推动会计职业道德的发展。

二、会计职业道德的特点

会计职业道德是调整与单位有关各方面的经济利益关系,有效达成财务会计的目标和内部会计控制的目标的手段。

(一)会计职业道德是调整会计职业活动利益关系的手段

在市场经济条件下,会计职业活动中的各种经济关系日趋复杂。这些经济关系的实质是经济利益关系。在我国社会主义市场经济建设中,各经济主体的利益与国家利益、社会公众利益有时会发生冲突。会计职业道德可以配合国家法律制度,调整职业关系中的经济利益关系,维护正常的市场经济秩序。会计职业道德允许个人和各经济主体获取合法的自身利益,但反对通过损害国家和社会公众利益而获取违法利益。

(二)会计职业道德具有相对稳定性

在市场经济条件下,作为对单位经济业务事项进行确认、计量、记录和报告的会计,会计标准的设计,会计政策的制定,会计方法的选择,都必须遵循其内在的规律和要求。正是由于人们面对的是共同的客观规律,会计职业道德在社会经济关系不断变迁中仍然保持相对的稳定性。没有任何一个社会制度能够容忍虚假的会计信息,也没有任何一个经济主体会允许会计人员私自向外界提供或者泄露单位的商业秘密,会计人员在职业活动中诚实守信、客观公正等是会计职业的普遍要求。

(三)会计职业道德具有广泛的社会性

会计职业道德是人们对会计职业行为的客观要求。会计作为一个信息系统,不仅要为政府机构、企业管理层、金融机构等提供符合质量要求的会计信息,而且要为投资者、债权人及社会公众服务。会计因其服务对象涉及的社会面广,其所提供的会计信息涉及社会经济生活的许多方面,会计职业道德的优劣将影响国家和社会公众利益。由于会计信息质量直接影响着社会经济的发展和市场经济秩序的健康运行,会计职业道德必将受到整个社会的关注,从而具有广泛的社会性。

三、会计职业道德的功能

会计职业道德的功能是指会计职业道德在会计工作中可以发挥的职能作用。会计职业道德对于会计工作和会计人员具有指导、评价和教化等基本功能。

(一)指导功能

指导功能是指会计职业道德指导会计人员行为的职能作用。会计职业道德提供了会计人员行为的模式,表达了社会对会计人员行为的期望和要求,如爱岗敬业、诚实守信、廉洁自律、客观公正等,引导会计人员在会计工作中作出或不作出一定的行为。这种期望和要求,如果被会计人员所认同,则会转化为会计人员的自觉行为;同时,由于道德舆论的强大压力,会计职业道德的期望和要求也往往会为会计人员在进行职业行为时所接受和遵循。

会计职业道德对于会计人员的动机和行为的指导作用是至关重要的,会计人员与单位的钱财接触,稍有私心杂念,就会陷入金钱的泥沼,走上违法犯罪的道路。会计职业道德通过对会计人员的行为动机提出相应的要求,引导、规范、约束会计人员树立正确的职业观念,遵循职业道德的要求,从而达到规范会计人员会计行为的目的。

(二)评价功能

评价功能是指根据会计人员职业道德标准对会计人员的会计行为进行评判和衡量,认定其行为是否达到和符合会计职业道德的要求,以此明确会计人员在会计职业道德方面继续努力的方向的职能作用。这一功能可以具体分解为褒扬的功能和谴责的功能。前者通过引起主体的自豪感和光荣感,对主体的动机和行为起到鼓舞、激励的作用;后者通过导致主体羞愧、内疚等情感,对主体的动机和行为起到抑制和纠错的作用。现阶段,通过开展会计职业道德的评价,倡导和鼓舞会计人员自觉遵守会计职业道德规范的行为,贬抑、鞭挞、谴责、查处会计造假等违背会计职业道德的行为,发挥会计职业道德的评价功能,有助于督促会计人员在行为上遵守职业道德规范,形成良好的道德情感,也有利于促进抑恶扬善的社会环境的形成。

(三) 教化功能

职业道德通过在社会成员中有效地传播,教育广大会计人员,进而维护和促进会计职业相关的价值观和文化的传承和演变,维护和促进会计工作秩序。教化功能是指职业道德内化为会计人员行为的自觉要求,使会计人员在会计工作中自觉遵循会计职业道德规范。道德具有引导人们行为的功能,这种引导的特点表现为劝善戒恶,并辅之以社会舆论的赞扬或谴责,进而作用于人的道德良心和道德情感。这对于会计人员的思想、感情和行为,有一种潜移默化的塑造作用,不但能够影响会计人员当下的动机和行为,而且能够改造会计人员的道德品德,提高会计人员的道德境界。

会计职业道德作为一种良性调整会计职业关系的方式,调整面宽、作用面广,从某种意义上来说,会计职业道德比会计法律制度更加重要。会计人员只有达到了会计职业道德的要求,才能够自觉遵纪守法,自觉抵制违法乱纪行为。在实际工作中,凡是违法乱纪的,都会违反会计职业道德,如社会上出现的会计造假案件,既是严重的违法行为,更是违背会计职业道德要求的突出表现。市场经济越发展,对会计职业道德要求就越高,我们必须高度重视会计职业道德建设。

小贴士

会计作为一项记录、核算和考核收支的工作,具有极强的专门技能特点,是一门历史悠久的职业。某些会计概念甚至可以追溯到古希腊和古罗马时代。近代会计一般认为起始于15世纪末,意大利数学家卢卡·帕乔利有关复式记载论著的出版,标志着近代会计的开始。从历史上看,会计是从经济主体的个别行为逐渐发展成为具有普遍性的社会行为的。在这个过程中,伴随着会计技术方法的发展和走向成熟,逐渐形成了一套约束会计人员的行为道德规范——会计职业道德。

第二节 会计职业道德与会计法律制度

案例导入

万兴公司是一家国有大型公司,近几年经济效益一直不好。2009年12月,公司董事长吴某指示会计部门把账做得漂亮一些。会计部门虚拟了若干笔销售收入,从而使公司报表由亏变盈,经诚信会计师事务所审计后报出。当地财政部门在2010年5月的执法检查中发现了这一会计造假行为,并根据《会计法》规定,拟对公司进行处罚,并下达了行政处罚通知书。

一、会计职业道德与会计法律制度的联系

会计职业道德与会计法律制度有着共同的目标、相同的调整对象,承担着同样的职责,两者联系密切。两者之间的联系主要表现在以下几个方面。

(一)两者在根本目的上一致

会计职业道德是通过调整会计工作中的人际关系,激发会计人员的工作热忱,把提高会计水平作为自身的道德责任。同样,会计法律制度也是旨在通过稳定会计工作秩序从而保证社会再生产过程的顺利进行。可以说,两者"殊途同归"。

(二)两者在作用上相互补充

在规范会计行为中,我们既要通过强化会计法律制度,充分发挥会计法律制度的强制功能,同时也要强化会计职业道德的教化功能。会计行为不可能都由会计法律制度进行规范,不需要或不宜由会计法律制度进行规范的行为,可以通过会计职业道德规范来实现。

(三)两者在内容上相互渗透、相互重叠

会计法律制度中含有会计职业道德规范的内容,同时,会计职业道德规范中也包含会计法律制度的某些条款。会计法律制度中的许多具体规定,直接或间接地反映了会计职业道德的要求,如会计人员的岗位责任制,本身就体现了会计职业道德的责任感、义务感和使命感。而会计制度中的账实相符规定,体现了诚实、客观的会计职业道德规范的要求。在一般情况下,凡是会计法律制度不允许的行为,都是会计职业道德要谴责的行为;会计法律制度所规定的行为,也一般都是会计职业道德所倡导的行为。

(四)两者在地位上相互转化、相互吸收

最初的会计职业道德规范就是对会计职业行为约定俗成的基本要求,会计法律制度的制定往往将这些基本要求吸收进来,使这一基本要求成了会计法律制度规定的内容。可以说,会计法律制度是会计职业道德的最低要求。

(五)两者在实施过程中相互作用,相互促进

会计职业道德是会计法律制度正常运行的社会和思想基础,而会计法律制度则是促进会计职业道德规范形成和遵守的重要保障。

二、会计职业道德与会计法律制度的主要区别

会计职业道德与会计法律制度既有相互联系的一面,又有存在差异的一面。会计职业道德与会计法律制度的差异,主要体现在性质、作用范围、实现形式以及实施保障机制等几个方面。

(一)会计职业道德与会计法律制度性质不同

会计法律制度是由国家立法部门或行政管理部门颁布的对会计人员的工作行为的具体规定,反映会计工作的客观规律性,因而具有稳定会计工作秩序、保证经济管理工作顺利进行的作用。它通过国家机器强制执行,具有很强的他律性。会计职业道德作为行为规范主要是从品行角度对会计人员的会计行为作出规范,主要依靠社会舆论、传统习惯和内心信念的力量来调整会计工作中会计人员之间,以及他们与其他社会成员之间的利益关系。会计职业道德来自于职业习惯和约定俗成,由于它是依靠信念、习惯、传统和教育的力量来维持的,因此,会计职业道德对会计人员基本上是非强制执行的,对他们的行为只产生约束作用,

主要依靠会计从业人员的自觉性,具有很强的自律性。

(二)会计职业道德与会计法律制度作用范围不同

会计法律制度侧重于调整会计人员的外在行为和结果的合法化,而不能离开行为过问动机,具有较强的客观性。会计职业道德不仅要求调整会计人员的外在行为,还要求调整会计人员内在的精神世界。因而,会计职业道德在时间上和空间上对会计人员的影响比会计法律制度要广泛、深刻、持久得多。一般来说,会计职业道德能够调整会计法律制度所没有规定的行为,且具有较长时期的普遍约束力。由于会计法律制度的规范总是反映人们对会计工作规律的一定认识,而这些认识随时代和管理水平的变化发展,具有一定的局限性和相对性:一方面,会计法律制度要保持相对稳定性;另一方面,会计工作的发展、变化又是绝对的,会计法律制度也就不能永远停留在原来的水准上。这种矛盾性使会计法律制度往往落后于变化了的客观情况,导致新、旧会计法律制度过渡期的"真空"状态。会计法律制度的这种时空差异,需要通过会计职业道德来补充。会计法律制度的各种规定是会计职业关系得以维系的最基本条件,是对会计从业人员行为的最低限度的要求,用于维持现有的会计职业关系和正常的会计工作秩序。在会计职业活动的实践中,虽然有很多不良的会计行为在违反了会计法律制度的同时也违反了会计职业道德,但也有不良会计行为只是违反了会计职业道德而没有违反会计法律制度。例如,会计人员不钻研业务,不加强新知识的学习,造成工作上的差错,缺乏胜任工作的能力。对这种情况,我们可以说会计人员没有很好地遵守会计职业道德,但不能说其违反了会计法律制度。又如,某些会计人员缺乏爱岗敬业精神,对本职工作仅满足现状、不思进取、应付了事,尽管我们不能说这种现象违反了会计法律制度,但它违背了爱岗敬业、提高技能等会计职业道德规范的要求。

(三)会计职业道德与会计法律制度实现形式不同

会计法律制度是通过一定的程序由国家立法部门或行政管理部门制定的,其实现形式是具体的、明确的、正式形成文字的成文规定。会计法律制度要求的是"必须",评价使用的范畴是对和错,通常,对违反会计法律制度的行为,应对其后果进行禁止性追究,并视情节轻重予以不同程度的惩处。而会计职业道德出自于会计人员的职业生活和职业实践,日积月累,约定俗成。其表现形式既有明确的成文的规定,也有不成文的规范,尤其是那些较高层次的会计职业道德,存在于人们的意识和信念之中,并无具体的表现形式,它依靠社会舆论、道德教育、传统习俗和道德评价来实现。会计职业道德要求的是"应该",评价使用的范畴是善和恶,是一个价值判断。即使是那些成文的会计职业道德与会计法律制度相比,在表现形式上也缺乏具体性和准确性。通常,对违背会计职业道德规范的行为应予以舆论谴责,并引起违背良心的内疚和行为的反思。

(四)会计职业道德与会计法律制度实施保障机制不同

会计法律制度不仅仅是一种权利和义务的规定,而且为了达到有法必依、执法必严、违法必究的目的,还需要一套实施保障机制。会计法律制度的这种保障机制不仅体现在其法律规范的内容中具有明确的制裁和处罚条款,而且体现在设有与之相配合的权威的制裁和审判机关,由国家强制力保障实施。而会计职业道德既有国家法律的相应要求,又需要会计人员的自觉遵守。当人们对会计职业道德上的权利与义务发生争议时,由于没有权威机构对其中的是非曲直明确作出裁定,或者即使有裁定也是舆论性质的,缺乏对裁定执行的保障。

小贴士

我国会计法律制度包括会计法律、会计行政法规、会计规章、地方性会计法规和会计规范性文件。其基本构成如下：

(1) 会计法律制度是指国家权力机关和行政机关制定的各种会计规范性文件的总称，包括会计法律、会计行政法规、国家统一的会计制度。它是调整会计关系的法律规范。

(2) 会计关系是指会计机构和会计人员在办理会计事务过程中以及国家在管理会计工作过程中发生的经济关系。

第三节 爱岗敬业

案例导入

某企业会计经常上班迟到或不在岗位，耽误其他部门工作。有一次，采购员要求会计先查一查供货企业的往来明细余额，以便准确汇款采购材料，但会计人员不明原因地不在岗位，结果出纳无法汇款，最后因该企业未汇款供货企业不发货，导致该企业停工一天。

一、爱岗敬业的含义

爱岗就是热爱自己的工作岗位，热爱本职工作。爱岗是对人们工作态度的一种普遍要求，也是会计职业道德的基本内容。热爱本职工作，要求职业工作者以正确的态度对待各种职业劳动，努力培养热爱自己所从事的工作的幸福感、荣誉感。一个人只有热爱自己的本职工作，热爱自己的岗位，才能全身心地投入本职工作中去，才能做好本职工作，才能在平凡的岗位上，作出不平凡的事业，为社会和人民作出自己应有的贡献。每个岗位都承担着一定的社会职能，每一位从业人员也正是以其所从事的职业在社会分工中，在整个社会经济生活中扮演着一个公共角色。任何一个职业都是社会分工的组成部分。只有热爱会计工作，才会刻苦钻研会计业务技能，才会努力学习会计业务知识，才会发现在会计核算、企业理财领域有许多值得研究探索的东西，才会全身心地投入会计事业中去。

在经济生活中，会计职业因其所处的环境具有特殊性，不同的岗位，要求承担的责任和义务也不同。单位内部会计人员不仅要尽职尽责地履行会计职能，如加强会计核算、向管理决策者提供真实的会计信息，而且还要对单位的经营活动和业务活动进行监督，保护单位财产安全完整，促进单位经营活动和业务活动的发展。当单位利益与社会公众利益发生冲突时，会计人员应该首先维护社会公众利益。而注册会计师则是接受委托对企业的财务报告进行审计、鉴证，依法出具审计报告，或接受委托为委托者提供会计等相关的咨询服务。为此，注册会计师不仅要维护被审计单位的权益，保守商业秘密，而且还要维护社会公众利益。

所谓敬业,就是用一种严肃的态度对待自己的工作,勤勤恳恳,兢兢业业,忠于职守,尽职尽责。中国古代思想家就提倡敬业精神,孔子称为"执事敬",朱熹解释敬业为"专心致志,以事其业。"当人们对某一项工作或职业有了正确的认识,就会对该项工作倍加珍惜,认真地干好本职工作。敬业的直接表现在于"勤","业精于勤,荒于嬉。"俗话说:"三百六十行,行行出状元"。只要用恭敬严肃的态度对待自己的职业,干一行爱一行,干好一行,就是敬业。敬业就是要用一种恭敬严肃的态度去对待自己的职业,将身心与本职工作融为一体,对本职工作专心、认真、负责。会计职业道德中的敬业,要求从事会计职业的人员充分认识到会计工作在国民经济中的地位和作用,以从事会计工作为荣,尊重会计工作,具有献身于会计工作的决心。

爱岗敬业是职业道德的基本要求,是否爱岗敬业是判断每个从业者是否有职业道德的首要标志。爱岗和敬业,互为前提,相辅相成。爱岗是敬业的基础,敬业是爱岗的升华。不爱岗就很难做到敬业,不敬业也很难说是真正的爱岗。爱岗敬业是会计人员干好本职工作的基础和前提,是其应具备的基本道德素质。

二、爱岗敬业的基本要求

爱岗敬业需要有具体的行动来体现,即要有安心会计工作、献身会计事业的工作热情,严肃认真的工作态度,勤学苦练的钻研精神,忠于职守的工作作风。爱岗敬业要求会计人员热爱会计工作,安心本职岗位,忠于职守,尽心尽力,尽职尽责。

1. 热爱会计工作,敬重会计职业

从本质上讲,行业本无贵贱之分,但由于不同行业的社会背景不同,给个人所带来的政治利益、经济利益和社会地位不同,于是在人们的视野里,行业就有了贵贱之分,也就有了人们挑选职业、不敬重职业的行为。但是,在任何一个社会里,都存在着各种各样的职业,每一种职业都有其存在的客观必然性而发挥着其独特的作用。人们只有树立"干一行爱一行"的思想,对所从事的职业有一个正确的认识态度,才会有职业乐趣。如果做了会计,就应该热爱会计工作,敬重会计职业。

2. 严肃认真,一丝不苟

会计工作是一项严肃细致的工作,没有严肃认真的工作态度和尽心尽力的工作精神,就可能出偏差。要把严肃认真、一丝不苟的职业要求贯穿于会计工作的始终。要严肃认真地对待每一项工作,对每一项会计工作都要一丝不苟,不出任何差错,要全身心地投入自己所从事的会计工作之中,尽最大努力做好本职工作。对一些损失浪费、违法乱纪的行为和一切不合法、不合理的业务开支,要严肃认真地对待,把好关,守好口。在会计工作中不仅要求数字计算准确、手续清楚完备,而且绝不能有办事马虎、敷衍塞责的工作作风。

3. 忠于职守,尽职尽责

忠于职守就是忠实履行自身的岗位职责。它要求会计人员在任何复杂的情况下,抵制各种诱惑,履行会计岗位的职责。尽职尽责表现为会计人员对自己承担的责任和义务所表现出的一种责任感和义务感。这种责任感和义务感包括两个方面的内容:一是社会或他人对会计人员规定的责任;二是会计人员对社会或他人所负的道义的责任。在市场经济条件下,会计人员因其所处的环境具有特殊性,不同的岗位要求承担的责任和义务不尽相同。单位会计人员不仅要客观、公正地记录和反映服务主体的经济活动,做好会计核算等本职工作,而且还要积极参与经营和决策。注册会计师接受委托审计鉴证、咨询服务业务时,要维护受托人权益,保守商业秘密,依法出具各种客观公允的鉴证报告。

王顺友,男,42岁,中共党员,四川省凉山彝族自治州木里藏族自治县邮政局投递员。1985年参加工作至今,一直从事木里县城至白雕、三角垭、倮波乡的马班邮路投递工作,邮路往返里程360公里,月投递两班,一个班期为14天。22年来,他每年投递报纸8 000多份、杂志700多份、函件1 500多份、包裹600多件;在雪域高原跋涉了26万公里,相当于走了21趟二万五千里长征,绕地球赤道6圈,投递准确率达到100%。其担负的马班邮路,山高路险,气候恶劣,一天要经过几个气候带。他经常露宿荒山岩洞、乱石丛林,经历了被野兽袭击、意外受伤乃至肠子被骡马踢破等艰难困苦。他视邮件为生命,从未丢失过一份邮件。

第四节　诚实守信

案例导入一

晓东电子公司会计赵丽因工作努力,钻研业务,积极提出合理化建议,多次被公司评为先进会计工作者。赵丽的丈夫在一家私有电子企业任总经理,在其丈夫的多次请求下,赵丽将在工作中接触到的公司新产品研发计划及相关会计资料复印件提供给其丈夫,给公司带来一定的损失。公司认为赵丽不宜继续担任会计工作。

案例导入二

某市财政局在2002年4月会计法执法检查中发现,某小型企业为节省开支,只任用了2名会计,其中已取得会计师职称,并持有会计从业资格证书的王某被单位负责人指定为会计主管人员,负责登记总账,编制财务会计报告和稽核工作,另一名尚未取得会计从业资格证书的张某被单位负责人指定担任出纳工作,兼记日记账、各种明细账和会计档案的保管工作。该企业出纳员在单位负责人的授意下,将收到的下脚料销售款5 000元另行存放不入账,以供负责人日常应酬之用。会计主管王某发现后,向上级主管部门举报,上级主管部门将检举材料一并转给该企业,责令其自行纠正。该企业负责人遂以工作需要为由,将会计主管王某调离会计工作岗位,另外聘用一名应届大学经济管理专业毕业生担任会计主管。由于其经验不足使得该单位会计管理混乱,会计处理方法随意改变,会计核算中时有多报、漏记的会计差错发生,并仍秉承单位负责人意图,私设小金库。

会计工作天天与金钱打交道,而且目前我国很多企业财务内控制度不健全,往往会给一些心术不正之徒或经不起金钱诱惑之人带来可乘之机。因此,会计人员必须具备良好的品行,诚实做人、朴实本分、不爱虚荣。会计工作往往是处理一些很繁琐的细节性问题,会计从业者必须踏踏实实、勤勤恳恳,有良好的心态,能够并愿意把小事做好。

一、诚实守信的含义

诚实守信简称"诚信",是职业道德的根本。它既是中华民族的传统美德,也是职业生活中从业人员对社会、对人民所承担的义务和职责,是人们在职业活动中处理人与人之间关系的道德准则。

诚信是做人之本,也是人们在社会上得以立足的根本。在社会生活中,我们每个人都希望别人对自己是诚实的。诚实是指言行跟内心思想一致,不弄虚作假、不欺上瞒下,做老实人、说老实话、办老实事。守信就是要遵守自己所作出的承诺,讲信用,重信用,信守诺言。自古以来,人们将"诚实"和"守信"视为道德的最高境界,也将其作为职业道德的基本要求,甚至将诚信作为安邦治国、修身养性的根本。市场经济越发达,职业越社会化,道德信誉就越重要。市场经济是"信用经济""契约经济",注重的就是守信。可以说,守信是维护市场经济步入良性发展轨道的前提和基础,是市场经济社会赖以生存的基石。

二、诚实守信的基本要求

诚实守信要求会计人员做老实人,说老实话,办老实事,执业谨慎,信誉至上,不为利益所诱惑,不弄虚作假,不泄露秘密。

1. 做老实人,说老实话,办老实事,不弄虚作假

做老实人,要求会计人员言行一致,表里如一,光明正大。说老实话,要求会计人员说话诚实,如实反映和披露单位经济业务事项。办老实事,要求会计人员工作踏踏实实,不弄虚作假,不欺上瞒下。总之,会计人员应言行一致,实事求是,正确核算,不为了个人和小集团利益,伪造账目,弄虚作假,损害国家和社会公众利益。

2. 实事求是,如实反映

所谓实事求是,如实反映,对于会计工作来说,就是要以实际发生的经济业务为依据进行会计核算,编制的财务报告等所提供的会计信息,必须如实反映单位生产经营活动的真实情况,不得弄虚作假,提供虚假的会计信息。

3. 保守秘密,不为利益所诱惑

在市场经济条件下,秘密可以带来经济利益,而会计人员由于职业特点经常会接触到单位和客户的一些秘密。会计人员应依法保守单位秘密,这也是诚实守信的具体体现。

商业秘密是指不为公众所知悉,能为权利人带来经济利益,具有实用性并经权利人采取保密措施的技术信息和经营信息。商业秘密与其权利人的利益息息相关,一旦被泄露就会给权利人造成严重后果。比如,有关产品成本的信息扩散,会使竞争对手调整产品价格,使本企业产品在竞争中处于不利地位;如果向竞争对手泄露了产品配方、程序、设计、制作工艺、制作方法、客户名单、货源情报、产销策略等商业秘密,都会使企业处于不利的竞争地位;有关投标底价的信息外泄,会使企业竞标失败;有关即将进行收购的信息外泄,会使股价上扬,增加公司的收购成本,甚至导致收购失效;在不适当的时间、以不适当的方式泄露上市公司的利润情况、经营状况等商业秘密,或将子虚乌有的事件对外传播,会对广大的股票投资者产生不利影响,属于严重违反法律的行为;在很多企业,员工的工资及奖金是不透明的,为避免引发各种矛盾,会计人员应自觉防止相关信息外泄,因为内部管理活动信息的泄露,可能会影响管理效果,使单位管理层处于非常被动的地位。

单位内部的会计人员如果泄露本单位的商业秘密,不仅会威胁单位利益,同时也会对会计人员本身造成不利影响。一方面,会计人员是单位里的一员,泄露单位的商业秘密后会使单位利益受损;另一方面,泄露商业秘密是违法行为,并将受到相应的法律制裁。注册会计师在进行审计鉴证咨询业务时,可能接触到大量的商业秘密,如果个别注册会计师不遵守职业道德,泄露了商业秘密,既会对广大投资者、企业甚至整个资本市场造成严重的不利后果,同时又会影响注册会计师群体在公众心目中的形象。

保守秘密,一方面是指会计人员要保守企业自身秘密;另一方面也包括会计人员不得以不道德的手段去获取他人的秘密。即使其行为是为了公司的利益,但其结果违反了市场经济条件下公平竞争的内在要求,不利于市场经济的良性循环。会计人员保守商业秘密,维护国家、单位利益是其应尽的义务。泄密,不仅是一种不道德的行为,也是违法行为,是会计职业的大忌。我国有关法律制度对会计人员保守秘密作了相关的规定。《注册会计师法》规定,"注册会计师对执行业务中知悉的商业秘密,负有保密义务",财政部印发的《会计基础工作规范》规定,"会计人员应当保守本单位的商业秘密。除法律规定和单位领导人同意外,不能私自向外界提供或者泄露单位的会计信息。"

4. 执业谨慎,信誉至上

执业谨慎,信誉至上,要求企业会计人员谨慎地从事会计工作,维护会计职业荣誉;要求注册会计师在执业中始终保持应有的谨慎态度,维护职业信誉及客户和社会公众的合法权益。从企业来说,会计人员应当按照谨慎性原则选择会计处理方法,进行会计核算,并在日常工作中保持必须的谨慎。从注册会计师角度来说,首先,注册会计师在选择客户时应谨慎,不要片面追求营业收入,迎合客户不正当要求,接受违背职业道德的附加条件;其次,要注意评估自身的业务能力,正确判断自身的知识、经验和专业能力能否胜任所承担的委托业务;再次,要严格按照独立审计准则和执业规范、程序实施审计,对审计中发现的违反国家统一的会计制度及国家相关法律制度的经济业务事项,应当按照规定在审计报告中予以充分反映;最后,在接受委托后要认真履行合同,积极完成所委托的业务,维护委托人的合法权益,不得擅自终止合同、解除委托,不得超出委托人委托范围从事活动。

小 贴 士

2001年4月16日,朱镕基在视察上海国家会计学院时,亲笔为该校题写了校训:"不做假账"。

2001年10月29日,朱镕基视察了位于北京市天竺开发区的国家会计学院。朱镕基在会议中心发表了重要讲话,并为国家会计学院题词:"诚信为本,操守为重,遵循准则,不做假账"。

2002年11月19日,朱镕基在第十六届世界会计师大会上,讲述了三题"不做假账"的故事。他说:"最近几年,中国建立了三个国家会计学院,一个在北京,一个在上海,这两个都已建成。还有一个在福建的厦门,正在建设。我亲自为这三个国家会计学院制定了校训。我很少题词,因为我的字写得不好,但是我为三个国家会计学院亲自写下四个大字——'不做假账'。"

第五节 廉洁自律

案例导入

安徽王某,23岁,大学专科毕业后分配到某市一国债服务部,担任柜台出纳兼任金库保管员。2001年5月11日,王某偷偷从金库中取出1997年国库券30万元,4个月后,王某见无人知晓,胆子开始大了起来,又取出50万元,通过证券公司融资回购方法,折借人民币89.91万元,用来炒股,没想到赔了钱。王某在无力返还单位债券的情况下,索性于1999年12月14、15日,将金库里剩余的14.03万元国库券和股市上所有的73.7万元人民币全部取出后潜逃,用化名在该市一处民房租住隐匿。至此,王某共贪污1997年国库券94.03万元,折合人民币118.51万元。案发后,当地人民检察院立案侦查,王某迫于各种压力,于2002年1月8日投案自首,检察院依法提起公诉。

一、廉洁自律的含义

廉洁自律是中华民族的一种传统美德,也是会计职业道德规范的重要内容之一。廉洁自律要求会计人员公私分明、不贪不占、遵纪守法、清正廉洁。保持廉洁主要靠会计人员的觉悟、良知和道德水准,主要靠自律。自律是指自律主体按照一定的具体标准作为具体行为或言行的参照物,进行自我约束、自我控制,使具体的行为或言论达到至善至美的过程。

会计工作的特点决定了廉洁自律是会计职业道德的内在要求,是会计人员的行为准则。自律的核心就是用道德观念自觉地抵制自己的不良欲望。对于整天与钱财打交道的会计人员来说,经常会受到钱财的诱惑,没有"理万金分文不沾""常在河边走,就是不湿鞋"的道德品质和高尚情操是不行的。会计人员和会计组织只有做到自身廉洁,严格约束自己,才能理直气壮地阻止或防止别人侵占集体利益,正确行使反映和监督的会计职责,保证各项经济活动正常进行。若会计人员职业道德观念不强,自律意志薄弱,很容易成为钱财的俘虏,走向犯罪的深渊。惩治腐败,打击会计职业活动中的各种违法活动和违反职业道德的行为,除了要靠法制手段,建立坚强和完善的法制外,会计人员保持清醒的头脑,把持住自我,严格自律,防微杜渐,构筑思想道德防线,也是防止腐败和非职业道德行为的有效手段。

会计职业自律包括两层含义:会计人员自律和会计行业自律。会计人员的自我约束是靠其科学的价值观和人生观来实现的。可以说,会计人员自律是会计职业道德的最高境界,因为这是一种自觉的行为,无需强制。会计行业自律是一个群体概念,是会计职业组织对整个会计职业的会计行为进行自我约束、自我控制的过程。在美、英等一些发达的资本主义国家,会计行业自律机制比较严格、健全,因而其职业声望较高。目前,中国会计职业的行业自律机制尚不健全,对违反会计职业道德的会计人员和会计师事务所惩处力度不够,所以,必须建立健全会计职业团体自律性监管机制,确保会计职业的健康发展。

会计工作是一种直接涉及国家、单位、投资者、债权人等各方经济利益的活动。如果会计人员不能廉洁自律,就必然会损害方方面面的利益,会计职业的公信力就会受到严峻挑战。贪污浪费、公款吃喝、岗位谋私等行为不仅损害了国家利益、集体利益和他人利益,而且也降低了会计界的职业声望。

二、廉洁自律的基本要求

1. 树立正确的人生观和价值观

人生观是对人生的目的、意义和道路的根本看法和态度,主要回答什么是人生、人生的意义、怎样实现人生的价值等问题,包括幸福观、苦乐观、生死观、荣辱观、恋爱观等内容。人生观的核心问题是如何认识和处理个人发展同社会进步的关系,即私与公的关系问题。无产阶级的人生观的特点是集体主义,一切为了无产阶级和人民群众的集体利益,把大公无私、舍己为人、全心全意为人民服务视为人生的根本意义和价值,把实现社会主义和共产主义理想视为人生最高的目标。

价值观是社会成员用来评价行为、事物以及从各种可能的目标中选择自己合意目标的准则。价值观通过人们的行为取向及对事物的评价、态度反映出来,是驱使人们行为的内部动力,支配和调节一切社会行为,涉及社会生活的各个领域。价值观是一种内心尺度,它凌驾于整个人性之上,支配着人的行为、态度、观察、信念和理解等,支配着人认识世界、明白事物对自己的意义和自我了解、自我定向、自我设计等,也为人们自认为正当的行为提供充足的理由。

会计人员处于财务会计工作的第一线,需要处理各方面的利益关系,特别是经济利益方面的关系,其工作性质决定会计人员必须树立正确的人生观和价值观。会计人员要树立正确的人生观和价值观,就必须要加强学习。人们的世界观,有的是自发形成的,有的是通过学习自觉培养的。首先,要学习马克思主义哲学、政治经济学、科学社会主义,学会用辩证唯物主义和历史唯物主义的观点和方法去分析问题、解决矛盾;还要学习经济、政治、法律、科技、历史、文学等方面的知识。其次,要认真进行思想改造。牢固树立马克思主义世界观、人生观和价值观,不是一朝一夕就能完成的,除认真学习外,最重要的是要经常进行自我改造。要想认真地自我改造,就要以马克思主义世界观为标准,不断审视自己的思想和行为,进行必要的批评和自我批评,克服任性和偏私。还要敢于向一切错误的思想观念、腐朽的生活方式宣战,要勇于接受组织和群众的监督。再次,要善于区分观念的正确与否,把握好自己的言行。

2. 公私分明,不贪不占

公私分明是指会计人员在会计工作中要严格划分公私界限。不贪不占是指会计人员不贪污、不化公为私,在工作中不损公肥私,不贪单位的便宜,不占用国家或单位的资金或财产。会计人员必须加强道德修养,彻底摒弃"金钱至上、金钱万能"的人生哲学,在不义之财面前不动心,绝不利用手中权力贪占便宜。

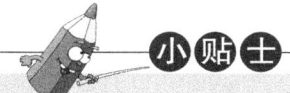

小贴士

周恩来的家常饭菜很简单,经常吃些粗粮,副食一般是一荤一素一汤。他规定的工作餐标准是四菜一汤的家常饭菜。他说:"四菜一汤既经济又实惠。"他在外地视察或主持会议,同大家吃一样的饭菜,不搞特殊,离开时一定付清钱和粮票。他不仅这样做,还要求其他领导干部也这样做。有一次,他出差到上海,听说有的领导同志带着夫人、孩子到地方去,所有的食宿费用都由地方开支,非常生气。回北京后,他在全国第三次接待工作会议上向各省代表提出:"今后无论哪个领导到省里去,吃住行等所有开支,地方一概不要负担,都要给客人出具账单,这要形成一种制度。"

第六节 熟 悉 制 度

案例导入一

2004年10月10日,甲公司收到一张应由甲公司与乙公司共同负担费用支出的原始凭证,甲公司会计人员张某以该原始凭证及应承担的费用进行账务处理,并保存该原始凭证;同时应乙公司要求将该原始凭证复制件提供给乙公司用于账务处理。年终,甲公司拟销毁一批保管期满的会计档案,其中有一张未结清债权债务的原始凭证,会计人员李某认为只要保管期满的会计档案就可以销毁。

案例导入二

乙企业会计主管离任,由李某接任。李某接任后其女儿已取得会计从业资格证书,安排其女儿任出纳。因财务人员较少,乙企业未设立会计档案机构,李某要求出纳兼管会计档案。一天,反贪局到乙企业调查上任会计主管经济问题,会计档案保管人员得到李某同意后,将部分记账凭证和数本账册借给反贪局。由于记账凭证太多,李某要求财会人员将保存满10年的会计凭证销毁。

案例导入三

2004年1月,江海国有食品加工企业新领导班子上任后,作出了精简内设机构等决定,将会计科撤并到企业管理办公室(以下简称"企管办"),同时任命企管办主任王某兼任会计主管人员。会计科撤并到企管办后,会计工作分工如下:原会计科会计继续担任会计;原企管办工作人员、王某的女儿担任出纳工作。企管办主任王某自参加工作后一直从事文秘行政工作,为了尽快胜任会计主管人员岗位,企业同意王某半脱产参加会计培训班,并参加2003年会计从业资格考试。

会计人员应当熟悉财经法律、法规、规章和国家统一会计制度,并结合会计工作进行广泛宣传。财务会计主要负责公司的凭证审核、账簿登记、纳税申报、会计档案保管工作。

（1）熟悉掌握财务制度、会计制度和有关法规。遵守各项收费制度、费用开支范围和开支标准，保证专款专用。

（2）编制并严格执行部门预算，对执行中发现的问题，提出建议和措施。

（3）按照会计制度，审核记账凭证，做到凭证合法、内容真实、数据准确、手续完备；账目健全、及时记账算账、按时结账、如期报账、定期对账（包括核对现金实有数）。保证所提供的会计信息合法、真实、准确、及时、完整。

（4）严格票据管理，保管和使用空白发票，收据要合规范。票据领用要登记，收回时要查看票据是否真实。

（5）妥善保管会计凭证、会计账簿、财务会计报表和其他会计资料，负责会计档案的整理和移交。

（6）及时清理往来款项，协助资产管理部门定期做好财产清查和核对工作，做到账实相符。

（7）遵守《会计法》，维护财经纪律，执行财务制度，实行会计监督。主任负责对出纳会计的业务指导。

（8）对主管部门和审计、财政、税务等部门依照法律和有关规定进行的监督，要如实提供会计凭证、会计账簿、财务会计报表和有关资料。

（9）会计调离本岗位时，要将会计凭证、会计账簿、财务会计报表、预算资料、印章、票据、有关文件、会计档案、债权债务和未了事项，向接办人移交清楚，并编制移交清册，办妥交接手续。

（10）遵守职业道德，做到廉洁奉公、坚持原则、实事求是、一丝不苟、热忱服务。

小贴士

会计人员的适应能力是企业很看重的。适应能力包括运用所学的理论知识适应实际工作情况的主流性，还包括融洽地协调人际关系的能力。一般来说，企业希望应聘者能初步了解企业所属行业的最新发展动态，而不仅仅局限于书本上的条条框框。例如，一位去应聘物流公司助理的会计专业本科生，在面试时居然不知道SAP（当今国际上流行的德国先进物流管理系统），最后被婉拒。其实这只需平时稍微关注一下行业的最新动态就可略知一二。

第七节　循章办事

案例导入

曾经有一位会计师受邀去朋友开的一家生产电脑配件的工厂检查公司账目，为即将到来的外部审计做准备。在检查账目过程中，发现这家电脑配件工厂的科技研发人员的工资开支占到全部人员工资的五成以上,当问到一些具体问题时工厂会计人员总是讳莫如深刻意回避,会计师感到这里面一定有蹊跷,便借助中午在工厂食堂吃饭时间去向其他员工了解情况,得知工厂中实际研发部门人员比例并不高,只占全部员工的10%左右。午饭过后便找到自己开工厂的朋友并把工厂的财务主管也叫了过来,开诚布公地说,你们工厂在人员工资比例上做一些手脚是想提高科技研发费用,以达到利用国家相关税收优惠政策来免税的目的,但这样做是违反相关会计准则的,一旦被税务检查或审计部门查出将会面临巨额处罚甚至会被吊销营业执照。这种做法是得不偿失的。经过会计师详尽解释后,他的这位朋友认识到了事情的严重性,立即让单位会计主管停止这种偷税行为,并向主管税务机关补交税款及滞纳金。

通过上面这个例子,在公司领导不知情的情况下,作为具备相关专业知识的会计人员应及时制止这种行为,以免给单位造成不可挽回的损失。作为会计人员应坚守自己的会计准则,循章办事,当单位的规定与国家法则有冲突的时候,一定要遵循小法依大法原则,提出自己对单位规定的修改意见,不要跨越雷池利用自己的专业知识为单位保驾护航,不能因为眼前短期的一些经济利益而放弃自己的底线,不论承受着何种压力都要有同一切违法乱纪、违反准则的行为作斗争的勇气。

下面,本节将从循章办事的含义和要求两方面,对循章办事这一职业道德规范进行具体阐释。

一、循章办事的含义

循章办事,要求会计人员在处理业务过程中,严格按照法律制度办事,不为主观或他人的意志左右。会计法律是指《会计法》;会计行政法规是指由国务院发布的《企业财务会计报告条例》《总会计师条例》,以及经国务院批准、由财政部发布的《企业会计准则》等;国家统一的会计制度是指国务院财政部门根据《会计法》制定的关于会计核算、会计监督、会计机构和会计人员以及会计工作管理的制度,包括规章和规范性文件,如《财政部门实施会计监督办法》《企业会计制度》《会计基础工作规范》《会计从业资格管理办法》和《会计档案管理制度》等。会计人员应当熟悉和掌握会计准则的具体内容,并在会计核算中认真执行,对经济业务事项进行确认、计量、记录和报告的全过程应符合会计准则的要求,为政府、企事业单位和其他相关当事人提供真实、完整的会计信息。

二、循章办事的要求

循章办事的基本要求是:首先,熟悉会计法律、法规。会计工作不单纯是进行记账、算账和报账,在记账、算账和报账过程中会时时、事事、处处涉及政策界限、利益关系的处理,需要遵守准则、执行准则、坚持准则。只有熟悉会计法律、法规,才能循章办事,才能保证会计信息的真实性和完整性。同时,应该牢记有关会计信息的五项禁令:禁止歪曲公司、企业的财务状况,禁止操纵收入确认,禁止随意变更费用、成本的确认与计量,禁止随意改变利润的计算和分配方法,禁止有违反国家统一的会计制度规定的其他行为。更要根据自己工作的实际情况熟悉和遵循企事业单位内部更为细致的财务规定,比如日现金库存留存限额、内部资金拨付审批签字制度、入账和收付款不能同一人、每月的财务报表需财务主管签字并及时递送至报表使用者手中等。其次,坚持准则。在企业的经营活动中,国家利益、集体利益与个人利益有时会发生冲突。《会计法》规定,单位负责人对本单位会计信息的真实性和完整性负责,也就是说,单位的会计责任主体是单位负责人。会计人员坚持准则,不仅是对法律负责,对国家、社会公众负责,也是对单位负责人负责。再次,会计人员在进行工作时,要做到法律、准则至上,要清楚地对每一件事情有准确的认知,分清工作的可为性。对于那些能够帮助自己成长、帮助企业进步的正确的事情,要做到坚决服从,努力完成。对于那些让自己堕落、让企业崩溃的事情,即使是领导的命令,也要做到拒绝执行并劝说领导改正。

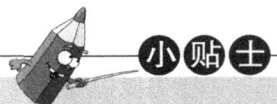

遵章守制:会计法律、法规和管理制度、管理办法是会计行为外部约束的有效手段,是每一个会计人开展工作的行为准则。对会计人来说,遵章守制是忠于职守的一种表现,应该成为会计人的自觉行动和工作习惯。

克己奉公:会计工作是与金钱打交道的工作,处于多元利益的交汇点。每名会计人手中都握有一定的权力,运用不当或以权谋私都会给单位和自己带来无法预计的后果。"克己"就是克制、约束自己的私心。"奉公"就是以公事为重。

不断进取:会计人是单位的管家。会计人自身的素质直接影响单位的财务管理能力和水平。21世纪,会计工作已由"核算型"向"管理决策型"转变,对会计人提出了更高更新的要求:熟悉世界主要国家和地区的会计法规程序和条款,精通我国现行会计法规、准则,能够结合单位管理模式变化创新会计控制与管理办法等。

第八节 客观公正

案例导入

2009年,A公司由于经营管理和市场方面的原因,经营业绩滑坡,需向银行贷款,A公司的主要负责人张某便要求公司负责人李某对该年度的财政数据进行调整,增加企业利润以助于公司的形象改进。李某组织公司会计人员王某以虚做营业额、隐瞒费用和成本开支等方法调整了公司财务数据。A公司根据调整后的财政资料,于2009年11月份贷款成功。

下面,本节将就客观公正的含义和客观公正的基本要求两方面,对客观公正这一职业道德规范进行具体阐释。

一、客观公正的含义

从本质上说,客观就是按事物的本来面目去反映,不掺杂个人的主观意愿,也不为他人的意见所左右。具有独立自主的性质,一切从准则出发,以事实为依据,客观反映。对于会计职业和会计工作而言,客观主要包括以下含义:一是真实性,即以客观事实为依据,真实地记录和反映实际经济业务事项；二是可靠性，即会计核算要准确，记录要可靠，凭证要合法。公正就是平等、公正、没有偏失，做到不偏不倚不被外力所左右，以保持一颗公正的心。对于会计职业和会计工作而言，公正主要包括以下含义：一是国家统一的会计制度，即会计准则、制度要公正；二是执行会计准则、制度的人，即公司、企业单位管理层和会计人员不仅应当具备诚实的品质，而且应公正地开展会计核算和会计监督工作，即在履行会计职能时，摒弃单位、个人私利，公平公正，不偏不倚地对待相关利益各方；三是注册会计师在进行审计鉴证时应以超然独立的姿态，进行公平公正的判断和评价，出具客观、适当的审计意见。客观是公正的基础，公正是客观的反映。

客观公正对会计人员来说是一项基本必备素质，也是会计信息质量要求中可靠性的真实体现。客观公正是每个会计人员必备的行为品德，是会计职业道德规范的灵魂。

二、客观公正的基本要求

客观公正对企业和会计人员都提出了相应的要求。一是会计核算过程的客观公正，即指企业和会计人员在具体进行业务处理时，或需要进行职业判断时，应保持客观公正的态度，实事求是、不偏不倚；二是最终结果公正，是指企业和会计人员对经济业务的处理结果是公正的。

1. 客观公正对会计人员的要求

（1）端正态度。坚持客观公正的态度来运用会计专业知识和专业技能。从事会计职业，这是坚持客观公正原则的基础。对于日常经济活动中以事实为依据、以法律为准绳、端正自我职业思想，谨守职业道德。

（2）依法办事。依法办理会计业务和事项，遵守法律、法规是保证会计工作客观公正的前提，违法乱纪之事坚决不做，克己奉公时谨记法律、法规的高压线。依法办事也是维持客观公正要做到的首要任务。

（3）实事求是、不偏不倚。这是指会计从业人员不仅要在具体进行会计业务处理时或需要进行职业判断时，应保持客观公正、不偏不倚，而且要使最终结果也是客观公正。

（4）保持应有的独立性。在市场经济条件下，如果会计人员不能做到独立性而只是依附领导，将老板的话奉若圣旨，那独立性便无从谈起。因为现今社会就业竞争压力大，有些单位管理机制不合理，领导大权独揽，缺乏有效的监督监察机制，会计人员的任用、调动、薪酬、辞退等重要事宜都由领导决定，客观上造成有些会计人员盲目屈从上级指示，在从事会计工作中不能完全独立。其在认识上的误区主要有二，一是"机遇观"；二是"依附观"。财会人员与企业的关系已由过去的半独立型转换为依附关系，为"老板"的服务已经到了无所顾忌的程度，因而造假账、偷漏税，提供失真会计信息时有发生。而建设良好的会计职业道德，必须从减少外部不良环境影响，净化会计外部行为环境着手。同时，也需要企事业单位多给会计人员以空间，不要为短期利益而影响长远的发展。同时，会计人员也需要提升自主独立性，做到威武不能屈。

2. 客观公正对企业的要求

（1）以实际发生的交易或者事项为依据进行确认、计量，将符合会计要素定义及其确认条件的资产、负债、所有者权益、收入、费用和利润等如实反映在财务报表中，不得根据虚构的、没有发生的或者尚未发生的交易或者事项进行确认、计量和报告。

（2）在符合重要性和成本效益原则的前提下，保证会计信息的完整性，其中包括应当编报的报表及其附注内容等应当保持完整，不能随意遗漏或者减少应予披露的信息，与使用者决策相关的有用信息都应当充分披露。

（3）包括在财务报告中的会计信息应当是中立的、无偏的。如果企业在财务报告中为了达到事先设定的结果或效果，通过选择或列示有关会计信息以影响决策和判断的，这样的财务报告信息就不是中立的。

诚实守信：诚实守信是会计精神的核心所在。首先，诚实守信要求会计人在工作中真实诚恳，以诚为做人之本，以信为做事之基。其次，诚实守信要求会计人忠于职守。最后，诚实守信要求会计人做到廉洁自律。《孟子·离娄上》中说："诚者，天之道也；思诚者，人之道也。"会计的职业特点决定了会计人员在金钱、利益面前必须坚守信念、廉洁奉公、坚持原则，处处自我约束、自我规范。

客观公正：《孟子·万章下》中说："孔子尝为委吏矣，曰'会计当而已矣'。""当"字含义颇深，包含"恰当""正当""得当"和"适当"等会计最精辟的意义，蕴含客观公正的会计精神。

从"恰当"的角度看，会计人必须有超然独立的精神。从"正当"的角度看，会计人必须认真执行法律、法规，遵循会计准则。从"得当"的角度看，会计人必须保守秘密。从"适当"的角度看，会计人必须保持客观严谨。

勤勉创新：勤勉创新主要体现为会计人的勤勉严谨、专业专注、开拓创新、协作服务等敬业精神。会计人日日与数字打交道，天天与报表打交道，数要准、账要对、表要平，没有勤勉严谨的精神是无法做到的。"天道酬勤"，会计人必须"勤"字当头，"严"字把关，做到勤学、勤劳、勤勉，严格、严密、严谨。

专业专注："专业"就是要有较高的专业素养，"专注"就是要专心致志、持续关注。

开拓创新：当代世界知识更新全面提速，会计理论需要创新，会计改革需要创新，会计人要有时代紧迫感和事业使命感，在创新中开拓前进，才能促进会计事业的发展进步。

协作服务：会计工作对内要处理好各内设机构和个人的关系，对外要做好与各管理部门的沟通，所以会计人需要具有良好的协调能力。顺畅的有效沟通，才能提高工作效率；多做换位思考，实现沟通共赢，会计职业环境才会更加和谐。

第九节　优质服务

案例导入

梁亮和朱玲是同时进入公司财务部实习的会计专业毕业生，这两个年轻人分别来自两所名牌财经大学。在进入公司财务部初期,两人的工作表现差不多,只不过朱玲比梁亮更勤奋一点,除了完成领导和师父交代的任务之外,她还愿意接触一下同事的业务。在同事眼中,这种现象也非常正常,刚上班的年轻人对职业有着非同一般的好奇心和新鲜感。同事们认定她的好奇心不会持续太长时间。

然而,让同事们感到意外的是,朱玲上班半年多了,好奇心非但没有减少,反而越来越强。最初,她只是好奇同事的业务,现在她连公司下属的生产工作也想探究个一清二楚。有时候领导派她去工厂办事,她会趁机去车间观察工人的工作,还不停地问操作工们一些问题。为此,同事们经常笑话她:"小朱,你是不是在财务室待腻了,想去车间当操作工人了?"

与朱玲的好奇不同,梁亮显得安静和沉稳多了,每天按时完成好领导交代的工作任务,平时也不多话,让干什么就干什么。

转眼1年过去了,梁亮和朱玲的实习期也结束了。按公司规定,两人只能留一个,究竟谁能留在公司里工作呢?财务部的同事们私下里经常讨论这件事情:两个人工作能力都不错,看得出来在学校里都是好学生,理论功底扎实,业务能力提高都挺快。不过梁亮是男生,并且看起来更沉稳忠厚一些,很适合做会计工作。朱玲在这一点上似乎不如梁亮,于是同事们断定梁亮留下的可能性更大一点。

然而,一个星期后,公司的决定让同事们大跌眼镜——公司不仅留用了朱玲,而且任命她暂代处理因公去国外工作的财务副主管的工作。这个任命通知一下达,财务部就像炸开了锅一样。为什么会这样呢?这不仅让梁亮心存疑问,同事们也个个瞠目结舌。虽然公司的人事政策很灵活,一直按能力提拔员工,不会用论资排辈那一套,但是这个决定也太离谱了,毕竟朱玲才刚刚经过实习期呀!

为了打消梁亮和财务部其他员工的疑惑,财务总监招集部门员工开了个会,在会议上财务总监出示了两份答卷。这两份答卷的考题只有一个:你觉得公司的财务工作应该如何改进?答卷人正是梁亮和朱玲两人。梁亮在答卷中提出了几项财务工作的改进意见,其中多数是加强纪律管理、提高员工素质等缺乏具体见解的一般性意见。而朱玲的答卷上密密麻麻地归纳出很多项改进意见,她对从公司下属车间的产品成本到操作流程都提出了合理的改进意见,在改进意见下面还列出了改进方案和成本节约的运算过程。这些改进意见细致、严谨,具有很强的操作性。看了朱玲的答卷,就连工作多年的老会计们也点头称赞,此时,同事们也明白了朱玲好奇心背后的原因。

财务总监说,起初他也怀疑刚毕业的学生提出的改进方案是否真有效,于是他用了一个星期的时间,让车间配合朱玲的改进方案进行生产,试验的结果验证了朱玲的改进方案的合理性。财务总监这才打消了疑虑,并请示公司领导,决定给朱玲一个更大的考验,让她暂代财务副主管的职位。

最终,朱玲顺利通过了公司的考验。她不但胜任了代理财务副主管的工作,而且在1年之后转正成为财务副主管,成了公司里最年轻的中层领导。

朱玲在向同事传授经验的时候说:"有效服务于企业的关键在于把工作做到细致,思考严密,尽量开拓自己的视野,具备大局观。只有这样才算是工作到位。"

下面,本节将从优质服务的含义和基本要求两方面,对优质服务这一职业道德规范进行具体阐释。

一、优质服务的含义

优质服务是现代经济社会对劳动者所从事职业提出的更高层次的要求,它表现为人们在参与对外工作交往和组织内部协调运作过程中,人与人之间关系的融洽程度和与之相对应的工作态度。

优质服务作为会计人员职业道德建设的一项重要内容,一直以来都是会计行业紧抓不放的重点,也是会计人员职业道德的一个薄弱环节。原因在于大多数会计人员认为建立服务意识、提高服务质量与自己的职业关系不大。事实上,一切经济活动都离不开会计工作,任何单位的财务部门都是本单位与外界单位业务联系的纽带。就算在本单位内部,会计人员也少不了与各部门员工打交道。因此,会计人员摆正服务心态、树立服务意识是刻不容缓的。

二、优质服务的要求

优质服务,首先,要求会计人员树立服务意识。会计人员要树立服务意识,不论是为经济主体服务,还是为社会公众服务,都要摆正自己的工作位置。其次,要求会计人员提高服务质量。提高服务质量,并不是说无原则地满足服务主体的需要,而是在坚持原则、坚持会计准则的基础上尽量满足用户或服务主体的需要。最后,努力维护和提升会计职业的良好社会形象。会计人员的服务态度直接关系到会计行业的声誉和全行业运作的效率。会计人员服务态度好、质量高,做到讲文明、讲礼貌、讲诚信、讲质量,坚持原则,严格执法,就能提高会计职业的信誉,维护和提升会计职业的良好社会形象,增强会计职业的生命力;反之,就会影响会计职业的声誉,甚至直接影响全行业的生存和发展。

高素质的会计人员要及时、准确地了解服务对象的需求而进行高效服务。当管理者需查阅财务报表时,会计人员应恰好已经准备完毕,并及时提供给管理者;当需要财务部门对新项目提出参考意见时,会计人员应恰好已经准备好方案和计划。这些"恰好"的工作就是高效服务的体现,它不仅要求会计人员有认真的工作态度和合格的职业技能,更要求会计人员有丰富的工作经验、极强的前瞻性以及对服务对象有相当深入的了解。

优质服务要求会计人员在服务过程中对自己高标准、严要求。会计人员对自己要求越严格,服务对象对会计工作的满意度才会越高;同样,会计人员对自己的工作标准要求越高,才能最大限度地发挥自己的专业技能。会计人员只有通过不断提高自己的职业素养,把服务工作做到位,才能脱颖而出,成为优秀的会计工作者。

小贴士

在中国近现代史上也曾经对会计人员的优质服务进行了记录,山西某票号闻名全国,在各地也设立了很多分支,一位分支票号总管账房先生(即中国现代会计的前身)一次受命在年底将自己票号的账目带到山西总号进行年终核算盘点,但因路途遥远,途中突降暴雨,导致账本至总号时被雨淋透渍烂不堪,分辨不清账目数据,所有随行人员都为此焦急不已,认为和总号的对账任务肯定是完成不了,但这时,这位总账房却闭目凝思气定神闲,因为这些账目都是他一手登记。经过一段时间的冥想之后,竟然将全年的账目全部默写了出来,使分号与总号之间的对账能够顺利完成,此事传到票号东家耳中更是对这名账房先生的举动大加赞赏,说其记账功力举世无双,不久他被总号任命为总号主管账房。

这是近现代历史上的优秀会计人员所体现出来的优质服务,但由于时间、空间上的局限,当时会计人员只是负责记录账目数据,账目数据清晰明了有根有据就算是不错的会计人员。但现在,我国已进入经济、科技、文化各方面飞速发展的阶段,当代的会计人员必须紧跟国家发展的大形势,改变过去那种单纯的记账、算账、报账的传统观念。现代社会日新月异,会计人员在实质上早已不是传统意义上的会计人员就是账房先生的那种旧观念。因此,更要求会计人员在经济发展的新形势下解放思想,开拓创新,大胆改革,从社会不断发展、经济形势不断变化的形势下,从会计工作的角度,对投入产出进行可行性论证,积极为领导出谋划策,参与单位的预测和决策,并运用自己所掌握的会计信息和会计方法,为改善单位内部管理,提高经济效益服务。

第十节 保守秘密

案例导入

上市公司江苏高淳陶瓷股份股权收购重组前夕,高淳陶瓷股票在股市上出现异常波动。全程参与收购重组审核工作的中国电子科技集团公司总会计师杜兰库与妻子刘乃华随之双双被抓,引起股民极大关注,这起敏感的证券内幕交易案,被列入江苏省高级人民法院2011年典型案例。法院判决认定:杜兰库犯内幕交易罪,判处有期徒刑6年,并处罚金人民币425万元;刘乃华犯内幕交易、泄露内幕信息罪,判处有期徒刑3年,并处罚金人民币425万元。江苏省高院在公布案情时表示,中国电子科技集团公司总会计师杜兰库在获悉十四所将收购高淳陶瓷的内幕后,在价格敏感期内,与妻子刘乃华合谋,筹资买入大量即将被收购的高淳陶瓷股票,非法获利421万余元。与此同时,杜兰库还将内幕违法泄露给了自家亲戚,先后让亲属熟人在股票交易中非法获利1 200余万元。严重违反了股市公平交易原则,对江苏高淳陶瓷股份有限公司及广大股民造成极大损失。

通过上面事例不难看出,如果会计人员违背法律、法规以及自己的职业道德泄露相关公司商业机密会造成严重后果,同时自己的行为也将受到法律的严惩。会计从业者应以此法律上经典案例为戒提高自我道德修养,维护企业商业秘密。

下面,本节将从保守秘密的含义和基本要求两方面,对保守秘密这一职业道德规范进行具体阐释。

一、保守秘密的含义

保守秘密主要是指会计人员应当保守本单位的商业秘密,不能将从业过程中所获得的信息据为己有或者泄露给第三者以谋取私利。会计人员失密事件近些年时有发生,且逐渐呈上升趋势。国资委出台了首部有关保守商业秘密的部门规章《央企商业秘密保护暂行规定》,表明商业秘密已为企业层面管理层重视。

对商业秘密(Business Secret)定义,按照我国《反不正当竞争法》《刑法》以及国家工商行政管理总局《关于禁止侵犯商业秘密行为的若干规定》等对商业秘密的范畴作出如下定义,即不为公众所知悉、能为权利人带来经济利益,具有实用性并经权利人采取保密措施的技术信息和经营信息。

财务人员经常接触的是商业秘密中的经营信息。经营信息一般包括以下两类:具有秘密性质的市场以及与市场密切相关的商业情报或信息,如原材料价格、销售市场和竞争公司的情报、招投标中的标底及标书内容,还包括供销渠道、贸易记录、客户名单、产销策略等。经营管理方法和与经营管理方法相关的资料和信息,这一般是指合理有效地管理各部门各行业之间的相互合作与协作,使生产与经营有机运转的秘密。通常表现为管理的模式、方法、经验以及管理公关等。

知晓并泄露商业秘密也是一项严重的犯罪,一时的贪心或不经意间会给企业及会计人员个人带来无法挽回的损失。为了明确会计人员保守商业秘密的法律条款,我国先后在《会计法》第三十九条规定会计人员应遵守职业道德。《会计基础工作规范》第二十三条规定会计人员应保守单位商业秘密。除法律规定或领导同意情况下,不得私自向外界提供本单位的会计信息。但我们也看到现行的法律、法规对会计人员保守商业秘密的规定是少之又少,目前还不是很完善。因此在这种形势下,会计人员应自觉地做到并尽可能地做到,不该知道的事不问,仅在自己的职权和业务涉及的范围内了解有关财务及经营信息,做好自己份内的事,不能以工作名义了解与自己工作不相关的信息;不该说的不说,未经单位领导同意,不得向外散布有关的财务管理信息;不该做的事不做,不为任何诱惑所动,坚决维护企业利益,保护所有者权益及债权人的权利,坚持原则,坚守纪律,在任何情况下都不能泄露本单位的秘密。

二、保守秘密的要求

一个成熟、优秀的会计人员必须做到:不该自己知道的,绝不去打听;不该自己说出去的,就要守口如瓶。会计人员不仅要做到不在工作岗位以外的场所谈论、评价企业的经营状况和财务数据,而且不能以任何借口和形式向其他单位或个人提供单位内部的会计数据和相关资料。因为如果泄露了商业秘密,不但会给公司带来不可预计的损失,还会给自己带来很多不利的影响,甚至可能是遭受牢狱之灾。

保守秘密是会计人员的根本

张华在上海的一家大公司的财务部就职,职位是财务部经理。张华才华出众,拥有很强的业务能力。公司财务总监一直将他当作自己的接班人重点培养,很多重要的工作都交给他去做。而在张华看来,只要自己继续努力下去,就能够成功地晋升为公司的财务总监。

一次,张华应邀参加一位港商的宴会。宴会结束后,港商送给张华一部很流行的手机。回家后,张华打开那个手机盒子,发现盒子里还放着一张字条,上面写着这样一段话:"最近我正在和你们公司谈一个合作项目,如果你能够将你们公司的谈判底价报给我,我将直接支付你一张50万元的支票。"面对诱惑,张华选择了将公司谈判底价报给了对方。

在谈判中,张华的公司损失很大。事后,公司查明真相,直接辞退了张华。对于张华来说,不但赔了夫人还折了兵——本可大展宏图的他不但因此失去了工作,就连那50万元也被公司作为赔偿金追回了。

任 务 模 拟

同学们自行分组,以"作为一名会计人员,当老板提出不合理做账要求时,是保饭碗重要还是坚守职业道德重要"开展辩论,最后就双方观点进行分析。

知 识 拓 展

请自行采访一位从事财务工作的职场人员,了解作为一名财务人员最基本的职业道德,以及在具体工作执行过程中有什么难度?

本章练习题

一、单选题

1. 循章办事,要求会计人员在处理业务过程中,严格按照(   )办事,不为主观或他人的意志左右。

　　A. 职业道德　　　B. 法律制度　　　C. 礼仪规范　　　D. 客观

2. 优质服务表现为人们在参与对外工作交往和组织内部协调运作过程中,人与人之间关系的融洽程度和与之相对应的(   )。

　　A. 工作方法　　　B. 工作关系　　　C. 工作内容　　　D. 工作态度

3. (   )是根据会计人员职业道德标准对会计人员的会计行为进行评判和衡量,认定其行为是否达到和符合会计职业道德的要求,以此明确会计人员在会计职业道德方面继续努力的方向。

　　A. 评判功能　　　B. 教化功能　　　C. 评价功能　　　D. 指导功能

4. 下列属于爱岗敬业基本要求的是(   )。

　　A. 实事求是,不弄虚作假　　　　　B. 执业谨慎,信誉至上
　　C. 严肃认真,一丝不苟　　　　　　D. 公私分明,不贪不占

5. (   )要求会计人员公私分明、不贪不占、遵纪守法、清正廉洁。

　　A. 诚实守信　　　B. 廉洁自律　　　C. 客观公正　　　D. 爱岗敬业

6. 会计人员行业自律包括(   )。

A. 实事求是,如实反映　　　　　　B. 执业谨慎,信誉至上
C. 严肃认真,一丝不苟　　　　　　D. 会计人员自律,会计行业自律

7. 下列属于诚实守信基本要求的是(　　)。
A. 实事求是,如实反映　　　　　　B. 诚信礼貌,优质服务
C. 遵守章程,克己奉公　　　　　　D. 公私分明,不贪不占

二、多选题

1. 下列关于"会计职业道德"的说法中,正确的是(　　)。
A. 会计职业道德是指在会计职业活动中应遵循的、体现会计职业特征的、调整会计职业关系的职业行为准则和规范
B. 会计职业道德包括他律和自律两个方面
C. 会计职业道德不是一成不变的,而是一个不断发展的变化过程
D. 自律则是以职业良心、职业精神为核心,侧重于倡导会计从业人员应自觉遵循的职业行为

2. 下列有关会计职业道德"廉洁自律"的表述中,正确的有(　　)。
A. 自律的核心就是自觉地抵制自己的不良欲望
B. 廉洁自律是会计职业道德内在要求
C. 只有自身廉洁自律,才能抵制他人的不法行为
D. 不能做到廉洁自律,也就很难做到客观公正和坚持准则

3. 下列关于"诚实守信"的说法中,正确的是(　　)。
A. 单位内部的会计人员如果泄露本单位的商业秘密,仅仅会威胁单位利益,对会计人员本身不造成影响
B. 诚信是做人之本,也是人们在社会上得以立足的根本
C. 执业谨慎,信誉至上,要求企业会计人员谨慎地从事会计工作,维护会计职业荣誉
D. 会计人员应言行一致,实事求是,正确核算,不为个人和小集团利益,伪造账目,弄虚作假,损害国家和社会公众利益

4. 会计职业道德与会计法律制度的主要区别是(　　)。
A. 会计职业道德与会计法律制度性质不同
B. 会计职业道德与会计法律制度作用范围不同
C. 会计职业道德与会计法律制度实现形式不同
D. 会计职业道德与会计法律制度实施保障机制不同

5. 下列关于"熟悉制度"的说法中,正确的是(　　)。
A. 熟悉掌握财务制度、会计制度和有关法规,遵守各项收费制度、费用开支范围和开支标准,保证专款专用
B. 按照会计制度,审核记账凭证,做到凭证合法、内容真实、数据准确、手续完备;账目健全、及时记账算账、按时结账、如期报账、定期对账(包括核对现金实有数)
C. 遵守《会计法》,维护财经纪律,执行财务制度,实行会计监督。主任负责对出纳会计的业务指导
D. 对主管部门和审计、财政、税务等部门依照法律和有关规定进行的监督,要如实提供

会计凭证、会计账簿、财务会计报表和有关资料。

三、判断题

1. 会计职业道德是指在会计职业活动中应遵循的、体现会计职业特征的、调整会计职业关系的职业行为准则和规范。（　　）
2. 保守秘密，要求会计人员做老实人，说老实话，办老实事，执业谨慎，信誉至上，不为利益所诱惑，不弄虚作假，不泄露秘密。（　　）
3. 会计职业道德是永恒不变的。（　　）
4. 会计工作是一项严肃细致的工作，没有严肃认真的工作态度和尽心尽力的工作精神，就可能出现偏差。（　　）
5. 会计职业道德与会计法律制度既有相互联系的一面，又有存在差异的一面。（　　）

四、简答题

1. 什么是循章办事？循章办事有哪些要求？
2. 如何在财务活动中做到客观公正？
3. 优质服务包括哪些内容？优质服务的要求有哪些？
4. 会计职业道德的特点是什么？
5. 简述会计职业道德与会计法律制度的联系。

五、案例分析题

1. 年终，某企业要进行一次财产清查。该企业人事部门在组织清查小组人员时就安排了会计参加清查小组。但该企业的会计人员说他参加清查小组没用，有些物资他不懂计量，企业里到底有多少个仓库他都不知。后来该企业会计以"请假"名义，没有参加清查小组。

   要求：用会计职业道德的规范和内容分析该单位会计的做法。

2. 关某是一名北京市公交车售票员。2005年，一次偶然的机会，他认识了中国建设银行新疆维吾尔自治区分行某业务科科长甫某和新疆维吾尔自治区某机关财务处副处长颜某。关某看到了甫某和颜某职务上的便利和对自己的有利之处，于是，为了个人的利益，关某送给颜某一台影碟机、一块价值1.8万元的瑞士帝陀牌手表和1 000美元。颜某利用自己身兼会计及出纳、财务处公章管理松懈、账户常年不审计的便利条件，从2005年3月至2008年4月先后8次挪用公路基本建设专项资金5 180万元，供关某投资项目和个人使用。那么，为什么关某能将几千万元巨款顺利地放进自己的腰包呢？只有颜某一人似乎力量还不够大。据《检察日报》报道，关某能顺利将几千万元巨款放进自己的腰包，甫某在其中扮演了重要的角色，正是他把身上只有1 000元"家底"的关某请到新疆发展"事业"。甫某还多次填制假银行进账单，让颜某把单位财务账上出现的"窟窿"补平，甫某得到的回报是吃喝玩乐，还有价值9 000多元的手机和传呼机。经审查，自治区某机关财务处原处长董某没有建立内部监督、检查、稽核制度，年底也不对财务账目进行清查，致使许多账目丢失未被发现。同时，值得一提的是，董某与关某关系密切，有时竟置工作规章于不顾，人情当道，为颜某和关某合谋挪用公款提供了方便。就这样，关某在颜某和甫某的"关照"之下，变成了腰缠千万的富翁。案发后，新疆维吾尔自治区某机关财务处原副处长兼会计、出纳颜某潜逃国外。捕获后被乌鲁木齐市中级法院以挪用公款罪和受贿罪判处无期徒刑。法院同时还以挪用公款罪和受贿罪判处甫某无期徒刑;以挪用公款罪和行贿罪判处关某无期徒刑;以玩忽职守罪判处董某有期徒刑4年。

3. 2002年11月19日,朱镕基同志在第16届世界会计师大会闭幕式上的演讲时指出"在现代市场经济中,会计师的执业准则和职业道德极为重要。诚信是市场经济的基石,也是会计执业机构和会计人员安身立命之本"。

要求:

(1) 简述会计职业道德规范的主要内容。

(2) 简述"诚实守信"的基本要求。

(3) 为什么说,"诚信是市场经济的基石,也是会计执业机构和会计人员安身立命之本"。

第四章

业务素质篇

本章综述

　　自古以来各行各业都有自己的业务素质要求,而财务工作更是对员工的业务素质有着苛刻的要求,对员工从外联到专业知识等方面全面考量。本章重点是对财务人员工作态度、相关法律法规、应具备的相关能力和财务工作流程等方面的阐释,通过本章的学习,了解财务人员基本业务素质。

知识要点

　　财务人员工作态度
　　相关法律、法规
　　财务能力要求
　　具体工作流程

第一节 工作态度

案例导入

有人问三个砌砖的工人:"你们在做什么呢?"

第一个工人没好气地嘀咕:"你没看见吗,我正在砌墙啊。"

第二个工人有气无力地说:"嗨,我正在做一项每小时9美元的工作呢。"

第三个工人哼着小调,欢快地说:"你问我啊朋友,我不妨坦白告诉你,我正在建造这世界上最伟大的教堂!"

你可能很不喜欢你眼下的工作,你从工作中得不到丝毫的乐趣,也毫无创造性可言。"简直烦透了!"你觉得百无聊赖。但你要记住,这并不是老板的错。老板没有逼着你来他的公司上班,当初,是你主动应聘到了这家公司。你的历史,是你自己写成的。老板待你很刻薄,那么,你就炒他的鱿鱼好啦!如果你不想炒他的鱿鱼,就说明他可能还没你说的那么可怕,那么,需要改变的是你自己。具体的做法就是:爱你眼下的工作!你也许认为自己志向远大,要做轰轰烈烈的大事,而不适合做这些具体、琐碎的小事。可是,你有没有想过,如果你连这些琐碎、具体的事情都做不好,你又怎么可能去做轰轰烈烈的大事呢?一屋不扫,又何以扫天下?

一、相关定义

态度是个体对某一对象所持有的评价和行为倾向。态度的对象是多方面的,其中有客观事物、人、事件、团体、制度及代表具体事物的观念等。态度也是个人内心的一种潜在意志,是个人的能力、意愿、想法和价值观等在工作中所体现出来的外在表现;态度就是你区别于其他人,使自己变得重要的一种能力。态度决定你的成败,态度决定你成功的高度。

工作态度是人们对于工作各个方面的心理倾向。对工作的认识和了解,与工作态度的认知成分相联系;工作的积极性与工作态度的行为成分密切有关;工作的满意感则属于工作态度的情感方面。

现在我们不妨设想一下故事中三位砌砖工人的命运,前两位继续在砌着他们的砖,因为他们没有远见,不重视自己的工作,不会去追求更大的成就。但那位认为自己在建造世界上最大的教堂的工人则不一样了,他一定不会永远是个砌着砖的工人,也许他已经变成了承包商,甚至变成了很有名气的建筑设计师,我敢肯定他还会继续向上发展。因为他善于思考,他当时对于工作的热情已经明显地表现出他想更上一层楼。

一个人的工作态度折射着人生态度,而人生态度决定一个人一生的成就。你的工作,就是你的生命的投影。它的美与丑、可爱与可憎,全操纵于你之手。一个天性乐观,对工作充满热忱的人,无论他眼下是在洗马桶、挖土方,或者是在经营着一家大公司,都会认为自己的工作是一项神圣的天职,并怀着深切的兴趣。对工作充满热忱的人,不论遇到多少艰难险阻,都会像希尔顿一样:哪怕是洗一辈子马桶,也要做个洗马桶最优秀的人!

无论什么工作,态度总是很重要的。一个人的能力来自于知识、技能和态度三个方面。无论做什么事情,一个人的态度非常重要。激情投入的工作,与麻木呆滞的工作,完全不同。爱默生说:"一个朝着自己目标永远前进的人,整个世界都给他让路。"反之,失败不是因为我们不具备实力,而是我们易被环境左右,惯于附和,缺乏主见,态度不正确,容易沮丧的缘故。

态度决定行为,行为决定习惯,习惯决定命运。工作态度包括工作的认真程度、责任程度和努力程度等。工作态度决定工作成绩,一个人的态度直接决定了他的行为,决定了他对待工作是尽心尽力还是敷衍了事,是安于现状还是积极进取。我们不能保证你具有了某种态度就一定能成功,但是成功的人们都有着一些相同的工作态度。在企业之中,我们每个人都持有自己的工作态度。有的人勤勉进取,工作忙碌,热情,精神抖擞,积极乐观,永争第一,总是积极地寻求解决问题的办法,即使是在受到挫折的情况下也是如此;有的悠闲自在,得过且过,从来都是按时上下班,按部就班,职责之外的事情一概不理,分外的事情更不会主动去做,不求有功,但求无过;有的牢骚满腹,永远悲观失望,总是在抱怨他人与环境,认为自己所有的不如意,都是由环境造成的,常常自我设限,使自己的无限潜能无法发挥,整天生活在负面情绪当中,完全享受不到工作的乐趣。

一位伟人曾说过:"你的心态就是你真正的主人"。你的态度如何,在一定程度上已决定你是失败还是成功。要改变现状、克服困难,首先要做的就是要端正态度,没有正确的态度,这一切就无从谈起。

工作态度作为工作的内在心理动力,影响对工作的知觉与判断、促进学习、提高工作的忍耐力等。这些功能,直接关系到工作绩效的大小。

一般来说,积极的工作态度对工作的知觉、判断、学习、工作的忍耐力等都能发挥积极的影响,因而能提高工作效率,取得良好的工作绩效。这表明积极的工作态度与工作绩效之间有着一致性的关系。但是,消极的工作态度,由于要取得很高的工作报酬,也可能引发积极的工作行为,取得良好的工作绩效。由于中介因素的影响,使得工作态度与工作绩效的关系十分复杂。

工作态度第一,工作能力第二;工作态度决定一切,工作态度评价就是一切的评价;工作可以平凡,工作态度不能平庸。工作态度影响我们的行为,一个工作态度非常积极的员工,无论他从事什么工作,他都会把工作当成是一项神圣的天职,并怀着浓厚的兴趣把它做好。而一个态度消极甚至扭曲的员工,只会把工作当成累赘,当成让自己不快乐的源头,当成敌人一样地去对待。工作态度评价决定命运的评价!气度决定格局!当我们思考人生如何走向成功的时候,必须潜到人生的水面下,从关心根和本着手。首先必须要有自己的工作态度总结,然后致力于升华气度和夯实厚度。态度错偏、气度促狭的人,上帝也帮不了!员工态度决定职业态度,职业态度决定职业生涯。

二、企业职员应具备的工作态度

那么,我们应该树立什么样的工作态度,才能享受到工作的乐趣,取得事业的成功呢?
敬业、勤奋、忠诚、进取是我们应有的工作态度!
敬业就是敬重自己从事的事业,专注致力于事业,千方百计将事情办好;敬业既包含了个人做事的执著,又有着对本职工作的忠诚;敬业是将自己对岗位、对工作的热爱化为奋发而持久的工作激情,为圆满完成任务而调动自己的所有细胞,勤奋拼搏、坚忍不拔、不达目的誓不罢休,这是一种精神。如果一个人以一种尊敬、虔诚的心态对待职业,甚至对职业有一种敬畏的态度,那么它就是敬业的。尊敬并重视自己的职业,即使付出再多也心甘情愿,并能够坦然地面对各种困难,努力去克服它们,做到始终如一、善始善终。因此,敬业也是一种人生态度,是珍惜生命、珍视未来的表现,是我们工作的强大动力。

勤奋是成功的基础。勤奋要勇于吃苦,勇于奋斗,勇于进取。要成功就不怕苦、不怕累、不畏艰难、不计个人得失;勤奋就是对自己的工作负责,做好工作中平平凡凡的每一件事,全心全意地、想方设法去完成每一项工作任务。

忠诚是人类最重要的美德。忠诚于公司,就是忠诚于自己的事业,就是以不同的方式为一种事业作出贡献。忠诚不仅体现在工作主动、责任心强,而且体现在不以此作为寻求回报的筹码。对企业的忠诚也是对自己能力的信任。不好高骛远,不整日抱怨,保持愉快的心情,从善良的角度出发,从点点滴滴出发,把身心彻底融入工作,尽职尽责,处处为公司着想,对老板承担风险的勇气报以钦佩,理解企业主的压力。所以,在现实社会中,每一个企业都在需求这样的人,需求既有能力又忠诚的人。

进取就是超越昨日的自我,就是企业、员工永不满足现状,不懈追求向前发展。进取意味着技术水平的进步,专业能力的增强,综合能力的提高;意味着企业生产工艺的进步,生产能力的增加,竞争能力的提高。进取精神,就要永不满足、永不言败,不断向更高目标前进。拼搏、进取的过程是一个前进的过程,是一个征服困难的过程,也是不断创造新业绩、实现新目标的过程。多少年来,进取精神已成为人类挑战极限、积极向上的最宝贵财富。

企业、个人的成功和辉煌取决于我们自己。敬业、勤奋、忠诚、进取是成功的前提和基石,企业都渴望更多地拥有具备这种优秀品格的人。每个员工,不论职务高低、不管资历深浅,不管年龄大小,不管背景如何,要想获得成功,就必须首先在自己的工作岗位上敬业勤奋、忠于职守、开拓进取,展现自己的才华、提升自己的能力。

一个人无论身处何位,无论从事何种职业,都要树立正确的工作态度,正确看待工作的意义,珍惜工作的机会,体会工作的乐趣,在工作中得到满足和实现,进而达到体验人生的意义。这样,才能焕发工作的热情,从而具有持之以恒的工作动力。

不同的工作态度会带来不同的结果。你改变不了环境,但可以改变自己;你改变不了事实,但可以改变态度;你改变不了过去,但可以改变现在;你不能控制他人,但可以掌握自己;你不能样样顺利,但可以事事尽心;你不能左右天气,但可以改变心情;你不能选择容貌,但可以展现笑容。知识经济新时代带给我们的不仅是科技进步和生活水平的提高,更多的是观念的进步,我们如果不能与时俱进,实时更新观念,我们就会离时代的距离越来越远,被时代的发展远远地甩在后面。因此,适应时代需要,适应周边环境,改变工作态度,让我们从现在开始。工作态度是一个永远讲不完的话题,任何人都会在工作中遇到各色各样的问题,它们还会影响我们的工作激情,但不管怎样,如果你希望获得事业上的成功,成就美好人生,那么,你必须时刻记住这一点——良好的工作态度是不可或缺的。

三、财务人员应具备的工作态度

一是要树立职业理想,端正工作态度。无论做任何工作,只有在热爱这项工作的前提下,才可能做好,会计也不例外。会计职业理想包括视会计事业为神圣的事业,以搞好会计事业为己任,将会计事业视为自我发展与造福社会的崇高事业。只有这样才能够安心于会计工作,充分发挥主观能动性,创造性地进行会计工作。二是要明确会计职责,熟悉专业技能。会计职责是会计人员在工作中被赋予各项权力的同时所应承担的责任义务。拥有良好的职业道德的会计人员应明确了解自身所应承担的责任,并将责任转化为自身工作的权力,而不是将此作为一种负担。要想真正履行好会计职责,应有熟练的专业技能作保证。所以对专业技能的熟悉也是培养良好职业道德的条件之一。这要求我们一方面通过学习,吸取各种新知识,掌握新方法;另一方面是在平时的实际工作中,注意对工作经验的总结,通过积累来提高自己的专业技能。三是要严守工作纪律。会计工作纪律主要包括遵守各项法规法纪,严守工作秘密,不以之换取私利,在工作中做到清正廉明等。良好的工作纪律,也是良好的会计职业道德的构成部分。真正做到严守工作纪律,就要在平时工作中熟悉各项法规政策,熟悉各项会计技术程序,并时刻以工作纪律提醒自己,不做任何损害会计职业声誉的事情。

同时,根据《会计基础工作规范》的规定,财务人员应树立的职业道德包含六个方面的内容:一是爱岗敬业;二是熟悉法律;三是依法办事;四是客观公正;五是服务意识;六是保密守信。

(一)爱岗敬业

爱岗敬业是财务人员职业道德素养的基础。这要求财务工作者在认识到本职工作的重要性的同时,努力钻研业务,不断提高自己的工作水平,爱岗敬业,一丝不苟。

(二)熟悉法规

财务是一项涉及面很广的职业,为了在工作中处理好各方的关系,首先要求财务人员必须懂法,熟悉财经方针政策和各项法律、法规,确保财务工作顺利进行,保证各项内容的准确性。

(三)依法办事

财务人员职业道德素养的重要内容就是依法办事。财务工作者要坚持原则,依法办事,严格控制违法乱纪行为的发生,维护国家的利益,当一名合格的经济卫士。

(四)客观公正

客观公正即保证财务公正的真实性,是财务人员职业道德素养的灵魂。财务工作是对各项活动客观公正的反映,违背客观公正这一原则,财务工作便是造假账。这不仅是职业道德规范的要求,也是财会人员业务素质的体现。

(五)服务意识

随着经济社会的不断发展,财务工作日益受到人们的普遍关注。因此,搞好服务已成为时代的要求,财务人员应利用自己的本职工作为经济的发展提供积极有效的服务。

(六)保密守信

在社会主义市场经济条件下,财务信息包涵一个单位整个生产经营的各个环节,会计报表更是反映一个单位经济运行和财务状况与经营成果的数字报告,均属单位保密资料。在市场竞争日益残酷的今天,财务人员需严格保守这些资料,不得外传,这也是财务人员职业道德素养的基本要求。

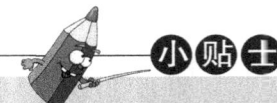

小贴士

其实无论我们在什么岗位上工作,态度都会决定我们未来发展的情况。除了财务类岗位,其他类别的岗位也都有自己的工作态度要求,以下是某单位对于一般行政人员工作态度的要求,给同学们参考可以开阔如下思路:

《××公司行政人员工作态度要求》
1. 责任心。对任何事情都有强烈的责任心且积极付诸行动。
2. 积极性。勇于挑战,不畏困难,为实现目标竭尽全力。
3. 协调性。充分理解领导目标,乐意为群体目标的实现作贡献。
4. 纪律性。组织纪律性强,带头遵守各项规章制度,并督促他人遵守。

第二节 财务人员相关法律、法规、政策

案例导入

2010年,某审计工作组对××公司的账目进行审计的时候,发现××公司的管理费用及收支明细账存在一定的问题。具体情况如下:

在审计中发现2009年8月15日现付25#凭证上存在问题,该号凭证上列支了该公司的行政办公室办公用品费6 750元,所附发票只标明:名称:办公用品;金额:6 750元;以现金方式付给某大型商场。而且此类发票数量较多,累计金额达78 500元。经审计人员核查该企业办公用品的支出情况发现,数量较大的办公用品早已购买,而且都按照会计制度规定进行详细列示。而这些发票却没有详细列示,且都是以现金支付,数量较大。带着这个问题,审计人员到某商场进行调查核实,抽查原发票存根联,发现所购办公用品都跟生活用品有关,与发票根本不符。经审计人员进一步追问,商场说明了实际情况。原来该公司并没有从商场购买所谓的办公用品,而是购买了高档护肤品,用于个人消费,价值6 750元。其他类似发票经查也是这种情况。

那么××公司的行为属于什么行为?违反了哪些法律、法规或者行业规定呢?通过本节的学习,我们就来了解一下在财务领域中所涉及的一些相关法律、法规。

一、会计法律制度的概念

一般认为,会计法律制度是由国家制定的,调整在社会经济活动中发生的会计核算、会计监督、会计管理及其他会计关系的法律规范的总称,它有广义和狭义之分。广义的会计法律制度是指由国家权力机关和行政机关制定的调整各种会计关系的法律规范的总称,包括会计法律、行政法规和行政规章等。狭义的会计法律制度专指由国家最高权力机关通过一定的立法程序颁布施行的会计法律,在我国,即由全国人民代表大会常务委员会依照法定程

序制定的,以国家强制力保障其实施的《中华人民共和国会计法》。它的作用在于规范会计行为,加强经济管理,保证以经济活动为内容的会计信息真实、完整,维护社会主义市场经济秩序,促进我国社会经济健康发展。

同时,从经济学的视角分析可以对会计法律规范的含义作如下归纳:会计法律规范是一种法律规范,也就是由国家以法律的形式制定或认可,并由国家强制力保证实施的规范;会计法律规范协调的经济关系,是社会进行资源配置并由此而产生的收益和财富分配中形成的关系;会计法律规范协调的经济关系,都是依据财务会计信息所进行的。

当然,也有学者指出,会计法律制度是调整会计关系的法律,有广义和狭义之分。会计关系是指会计机构,会计人员在办理会计事务、企业在对外报送、披露财务报告过程中发生的经济关系,以及国家在监督管理会计工作过程中发生的经济关系。

此外,还有学者认为会计法律制度是调整会计行为与会计关系的法律规范的总称。

二、会计法律制度的基本原则

众所周知,"真实与公允"在欧美会计中是一个至关重要的理念,是国际会计准则理事会研制和评价国际财务报告准则的指导思想,也是会计主体选择会计政策、进行会计处理和编制财务报告的依据,对我国会计理论与实务都有非常重要的价值。因此,会计行为与会计关系的核心——会计信息的生成应当遵循"真实与公允"的原则,那么作为调整会计行为与会计关系的会计法律制度,它的基本原则既必须能够鲜明地表达其所要追求的价值目标,也必须与会计"真实与公允"原则具有紧密的关联性。

会计最基本的功能是核算或者说是反映功能,即会计人员记录资金运动的全部信息,进行加工,并提供给不同的利益主体用于进行各项决策。只有真实的、准确的会计信息对微观会计单位的决策以及国家的宏观经济决策才有意义。于是,保证会计资料所记载与传递会计信息的真实、合法、准确、完整便成为会计法律制度的基本出发点,也即会计法律制度在对会计行为的调整过程中所要追求的价值目标。因此,如实反映原则便构成了会计法律制度的一项基本原则。

与上述原则相呼应,会计法律制度在调整会计关系的过程中所要追求的价值目标便是利益均衡,即兼顾各方利害关系主体的利益,使他们对于会计信息的获取与分享能在公正的前提下完成。因此,利益均衡便自然地构成了会计法律的另一项基本原则。

可见,如实反映原则与利益均衡原则,是互相促进的,会计系统只有如实反映实际发生的资金运行,才是对各方利益的合理兼顾。相反,歪曲事实,提供虚假的会计信息,必然是有益于特定主体的利益,损害了另一部分主体的利益。

第三节　财务人员应具备的能力

案例导入

经过前两轮的面试选拔,1 000多个竞争者现在只剩下了10人。据传言,公司只取前5

名。虽然剩下来的人有好几个都是本科生,而我这个专科生依然满怀信心,因为不论是学业成绩还是工作经验,我在十来个竞争者中都是相当出色的。我胸有成竹地敲开了面试老总的办公室。很有礼貌地跟老总打了个招呼,然后把手套放在门边的柜子上,我微笑着走了过去。

坐定,面试开始。对老总的提问,我对答如流,老总连连点头。一切进展得相当顺利,老总说:"小伙子,希望你早日了解公司的情况,尽快投入工作。明天我们会给你正式的录用通知!"说完,他紧紧地握着我的手,送我走出房间。

成功了,我抑制不住内心的喜悦,想象着明天的录用通知是个什么样子。走着走着,我感觉拿简历的手有些冷,零下十几度啊,手套放哪儿去了。想起来了,忘在老总的办公室里啦,这可咋办?

反复思想斗争后,我还是回去,敲响了老总办公室的门。老总正在面试后面的人,给我送手套出来时,他的脸色有些阴沉。

第二天,我没有接到录用通知。我不死心,打电话问老总。老总说:"小伙子,你的确很优秀,财会专业课程学得很好,而且还实际为一些公司做过账,一开始我就选定了你。但你却是个丢三落四的人。我们要招的人将从事公司的财务工作,现在各企业之间竞争激烈,出不得半点差错。以前我们的一个员工就因为粗心,差点断送了整个公司的前程……"

我明白了,这该死的手套!

在保证专业知识扎实的同时,个性品质特征也是非常重要的,有时甚至起到决定性作用。像这个案例中的求职者,之所以功亏一篑,就在于一时的疏忽,让主持面试的老总从中敏锐地感受到了其个性中不利于招聘职位的品质特征——粗心。

那么,在实际财会岗位中,我们究竟应该具备哪些相关能力呢?本节我们就一起来看一看。

一、思想政治要求

相对于其他一般职业来说,政治素质对会计人员尤为重要。坚定的政治立场和强烈的爱国热情,可以激励会计人员尽心尽力地做好本职工作;深刻领会国家方针政策的能力,是更好地组织日常财务管理的向导;熟练掌握国家的有关法规制度,有利于正确处理国家、单位和职工个人之间的关系;一身正气的品格,有利于预防单位违法乱纪问题的发生;严谨的工作作风和严格的自律要求,又是会计人员保持一生廉洁节操的法宝。

良好的政治素质主要表现在:有坚定的政治立场和强烈的爱国心;坚持为社会主义建设事业献身的精神;有很强的法律意识和组织纪律观念;严格执行《会计法》及相关的财经法律、法规、财务会计规章制度等,高度的组织纪律性,作风严谨,严于律己;有强烈的工作责任心和使命感;对工作兢兢业业,认真履行岗位职责,努力完成工作任务,等等。

二、应具备的精神品质和自我意识的培养

1. 要有追求卓越的精神

当优秀和职业素养成为行为习惯,成功只是附带的产品。认真、踏实的工作作风;学会如何用最短的时间接受新的事物,发现新事物的内在规律,用比别人更短的时间掌握这些规律并且处理好它们;总是主动地忘我工作、不断地考虑如果企业明天出问题应该怎么办或现

在需要做哪些准备工作;能够分清创新业务和常规业务,并能根据不同的业务改造工作体系,提高工作效率。

2. 要培养自己的管理思想与意识

优秀的财务人员应从经营层面考虑问题,站在管理者的角度思考问题。善于发现问题,提出问题,同时思考解决问题的可行方案。为了具备从管理者视角看问题的能力,需要具备敏锐的观察能力、吃苦精神,深入企业了解其核心经营。

3. 要具备良好的职业道德修养

财务管理是经济管理的重要组成部分,在加强经济管理、维护市场经济秩序中发挥着重要作用,财务人员的职业道德直接影响财务工作的质量、国家和企业利益,财务人员应树立法制观念,遵纪守法、坚持原则;应实事求是,客观公正地处理经济业务,不做假账;应恪守信誉、保守财务秘密,不做任何有损于职业信誉的事情,不参与任何职业泄密活动;应爱岗敬业,廉洁奉公,不借工作之便,贪污受贿,以权谋私。

4. 要具有开阔的思路和敏锐的洞察力

财务人员应从固定、保守的思维模式中走出来,进一步解放思想,站在更高的层面思考问题,不仅要重视企业内部管理,还要关心企业外部经济环境。要树立市场观念,观察市场动态,充分了解企业面临的风险和潜在的机遇;倡导精细管理,控制成本,以最少的投入,换取最多的产出;树立效益观念,以成本的相对增加换取更大的企业收益;树立信息观念,为企业管理层及时提供准确、真实的财务信息,为企业决策提供正确、充足的依据。

三、应具备的个人品质和职业道德

1. 诚实谦虚的品性

诚实谦虚是中国人的传统美德,即使是在当今激烈的竞争时代,对财务人员来说也不乏积极的意义。

2. 熟悉法规、依法办事

财经法规是财务人员职业道德规范的重要基础。财务工作涉及面广,为了处理各方面的关系,要求财务人员做到"不唯上、不唯权、不唯情、不唯钱、只唯法"。

3. 实事求是、客观公正

这是一种工作态度,也是财务人员追求的一种境界。

4. 恪守信用、保守秘密

财务人员应当始终如一地使自己的行为保持良好的信誉,不得有任何有损于职业信誉的行为,不参与或支持任何可能有负职业信誉泄密活动。

5. 敬业爱岗、搞好服务

热爱自己的职业,是做好一切工作的出发点。财务人员明确了这个出发点,才会勤奋、努力地钻研业务技术,使自己的知识和技能适应具体从事的财务工作的要求。

四、与工作相适应的基础能力和专业能力

(一)基础能力

1. 快速学习的能力

现在财务人员正处于信息高速发展的时代,需要不断地更新知识。对于财务人员来说,

目前最严峻的挑战和机遇就来自于对新知识、新问题的学习和解决的能力。作为财务人员更应当掌握新的财会法规，新的财务、会计、审计技术手段及一些西方财务会计知识。快速学习的能力还包括谦虚、自强的含义，应当虚心地向任何人学习，要有勇气从错误、经验教训中学习。

2. 处理业务的创新能力

创新是知识经济时代的重要特征，也是当代经济发展与增长的重要因素，更是财务人员与社会大环境相适应的必备条件。现代经济的发展、金融方式的多渠道、电子商务的产生，原有的借贷记账法、历史成本原则和权责发生制对企业的资产、负债和所有者权益这些有形资产的确认、记录、计量和报告是行之有效的，但对于一些企业创新而产生的专利、商誉、市场开发、人才引进等无形资产的揭示则显得有些苍白无力，不能真实、公正地反映企业的财务状况及真实的企业业绩。面对新的经营方式、新的经营理念，财务人员必然要有新的应对措施和正确、具体的账务处理方法。

3. 灵活应变能力

虽然对会计方面有很多要求，但有时候制度的不完善和不合理也会带来很多不便，好的会计要学会在坚持原则的情况下灵活地适应周围环境。

(二) 业务能力

要有完善的财务知识体系。会计是个专业性较强的工作，如果会计基础不扎实，那么在账务处理中容易出错，走错账，以至于财务管理混乱，税务查账的时候也会罚得多。所以，一个好会计不仅要会计基础扎实，业务精通，同时也要精通税法、法律等各方面的经济问题。

因此，财务人员除了要求掌握足够的财务知识，还要结合税法、审计知识，更要掌握经济法、计算机和其他基础文化知识。具体而言，财务人员不仅要熟悉财务的基本概念，还要通晓财务通则、会计准则、财务制度、会计制度等财务规范性、法律性的知识。财务人员只有拥有了完善的财务知识体系才能够正确地通过真实的会计核算和运用现代的会计手段，如高等数学、运筹学等数学工具和分析方法，综合分析企业财务经营状况，为企业今后的发展、投资、融资、上市和信贷等提供可靠的财务决策依据。

会计是一个庞大的学科体系，对该职业的从业人员有特殊的能力要求。不具备坚实的专业基础知识和相应的业务能力水平，是无法胜任会计工作的。

(三) 实操能力

1. 有序整理会计凭证

财务的记账过程，就是一个对单据进行整理、归纳、分类和定性的过程。每一笔经济业务的发生，在财务上反映为单据的书面记载。单据的填写和单位的各个部门有关，财务部门需要根据单位制定的财务制度，对单据的使用、填开等作出详尽的要求。而对单据的整理等工作，则是财务人员必须谙熟的基本功之一。

2. 熟练操作应用计算机

目前，绝大多数企业都已经实现了无纸化的会计工作，即使有些企业仍在使用纸化的方式来记录企业经营状况，但同时也会有一套电子版的会计记录。所以，会计人员不仅要会传统的手工做账，还要熟练运用计算机及网络技术来做会计工作。这就要求会计人员熟悉计算机网络会计的一些知识，提高利用计算机技术熟练地进行各种会计业务的处理能力，同时还应该学习一定的预防黑客及病毒的方法，来保证会计资料的保密性。会计人员通过不断地学习与培训,具备与计算机信息管理系统相适应的能力素质。

3. 做账踏实及时

会计人员所为的会计事务是否清晰、真实、完整和合法,无一不牵动着投资者、劳动者、经营者以及国家方方面面的经济利益,影响社会资源分配。因此,会计人员应时刻记住会计准则,并以此来督促自己的行为。做事公平,诚实守信,不谋私利,坚持原则,实事求是,一切按原则来办,尤其是不做假账,清晰、完整地反映经济活动,不隐瞒歪曲事实,不畏强权,勇于抵制一切违反财会准则和规章制度的行为。

在实务操作时,财务人员直接在计算机上使用财务软件,填制记账凭证。其基础是审核无误的原始凭证,每一张原始凭证应该做到手续完备,内容真实,数字准确。财务人员对不真实、不合法的原始凭证,不予受理;对记载不准确、不完整的原始凭证,予以退回,要求更正补充。

做账的基本功与计算机运用能力的基本功,两者密不可分,只有在熟练掌握计算机并且具备扎实的会计基础理论的前提下,才能顺利完成做账工作。

4. 查账、找错严谨审慎

财务工作是一项很严谨的工作,财务体系、财务制度都具有严谨性,数字与数字之间存在许多勾稽关系,账账、账表、账实相符是对财务工作的基本要求。在做账过程中,一处差错往往会导致另一处差错,财务人员必须具备查账、找错的基本功。

会计人员应当有强烈的保守商业秘密的意识,自觉保守本单位的商业秘密,不私自向外界提供或者泄露单位的会计信息。会计人员由于工作性质的关系,了解企业的一些重要机密,比如核心技术、工艺流程和配方等,这些资料一旦被竞争对手所知,会给本单位造成无法预料的危害。而且泄露商业秘密是一种不道德的行为,会计人员应当确立泄露商业秘密是大忌的观念。对于自己获知的内部机密,在任何情况下都要严格保守,即使是离职后。

5. 编报报表

编报完整及时报表是数字的最后输出工具,报表使用者通过阅读报表了解整个经营状况和经营成果。财务软件的报表模块已经实现了强大的制作表格、数据运算、图形制作和打印等功能。在总账模块中通过编制凭证、审核凭证、记账、月末结账等环节后生成基本财务报表,包括资产负债表、利润表、现金流量表。除通用财务报表之外,各单位根据经营管理需要制定内部报表体系,具体核算和考核资金、费用、成本等各项指标的执行及绩效情况,财务人员必须有敏感的数字概念,具备编制报表的能力,并且真正理解其含义,为单位高层管理人员经营决策提供数据支持。

6. 数据分析

科学有效的数据分析是以财务报表及其他相关资料为依据,采用一系列专门的分析技术和方法,对过去和现在有关经营业绩、分配、筹资和投资等进行分析与评价,根据财务活动的历史资料并考虑到现实状况,对未来财务活动进行预测。报表里的每一个数据,都反映出一个财务指标。

财务分析的基本方法包括比较分析法、比率分析法、因素分析法和趋势分析法。

财务指标是数字化的一种方式,财务人员应充分了解其含义,理解其表达的动态过程或趋势,并且应注意其时效性。这既是提升财务人员自身业务能力的要求,也是发挥财务工作管理职能的要求。

7. 装订保管会计档案

装订保管会计档案不能忽视以下几点：

(1) 凭证的装订与保管。会计凭证是单位会计档案的重要组成部分，会计凭证一般以月为单位，财务人员需要对每月的会计凭证及时装订，以便查找与保存。凭证装订一般在当月结账工作完成后，不应积攒甚至杂乱堆放。

各单位应配备财务装订用工具，如装订机、装订线和装订针等，也可以使用重型订书机，使用比较简单方便、省时。凭证的装订有配套的凭证封面、封底、包角，装订前的一些准备性日常工作也不要忽视，日常保持凭证存放整齐有序，每月在编制凭证的同时，根据凭证编号大体分册，用大铁夹或长尾夹稳固下来，便于装订成册。

装订时，对当月全部凭证做个估算，大约平均分成几册，将封面、记账凭证、封底、包角放好，反复罗列检查是否整齐有序，然后用重型订书机将左上角订牢，包好包角，完成装订。最后把封面凭证起止日期、册数、凭证号数等相关内容填写完整，加盖公章。

(2) 账簿的装订与保管。目前，手工账簿已越来越少地发挥其作用，财务软件的功能使凭证在录入后自动生成账簿。现金日记账、银行日记账可以根据管理需要每月打印，总分类账、明细分类账可以以年度为单位，打印成纸制账簿，装订成册保存。

(3) 财务报告类的装订与保管。月度、季度、年度财务报告，包括会计报表、附表、附注及文字说明，其他财务报告也是会计档案重要的组成部分。各类报表在编制完成时应做好电子文件存档工作，同时，应根据需要打印纸制报表，按报表所属期间、性质做好分类保管。

(4) 其他类。包括银行存款余额调节表、银行对账单、合同文件等其他应当保存的会计核算专业资料。经济合同，如单位购销合同等，是财务收付款的重要依据，归属财务人员负责保管的，应认真保存，对履行完毕的合同分门别类做好保存。财务人员还应做好单位财务文件的保管工作，明确保管人员及场所，定期整理立卷，装订成册。

会计是一项实践性很强的工作。无论是对会计事项的认定，还是日常经济关系的处理、理财或实施内部控制，许多知识都是无法从书本直接学到的。一般的会计理论和具体单位的业务实践之间始终存在一定的差距。因此，会计人员在掌握了会计的基本理论、基本知识，具备了基本能力之后，还应在实践中认真地、坚持不懈地学习，总结和完善实践经验。一般来说，受过会计专业教育的人员，需要经过半年的实践，才能胜任某一方面的会计工作，至少经过2年以上的实践，才能形成比较完整的会计工作实践能力。

会计人员应具备的实践经验主要包括：根据国家统一会计制度规定和具体单位的业务实际，设计并实施适用的会计制度的经验；根据各种利益矛盾的特点和法律制度规定，正确处理国家与单位内部各种利益关系的经验；根据单位的经营目标和财力渠道，合理筹集、运用、分配资金的经验；根据单位实际及管理要求，设计并组织实施内部控制制度的经验；根据单位的特定环境和人员构成情况，正确协调和组织会计工作的经验，等等。

会计是一种管理工作，而且与人们的切身利益密切相关。会计工作经常面临着两难的问题，这就需要较强的组织能力来协调。

所以，作为一名会计人员，不仅需要具备良好的职业道德操守、成熟的价值观以及丰富的会计专业知识和管理知识，还应具备一定的沟通协调能力，处理好与各利益相关者的关系。除了能向其提供真实、完整、正确、及时的财务信息外，还要通过提供信息的过程，与利益相关者保持各种方式的沟通、联系与协调,以得到他们的理解、支持与帮助。会计作为一个服务岗位,要与单位内外方方面面的人打交道,因此必须学会与别人沟通,提高会计职业服务的质量,会计人员要有良好的语言和文字表达能力,能简明扼要、准确地陈述问题和观点。此外,会计人员还应做到正确处理好与上级主管部门、地方政府部门的关系,树立会计人员良好的社会形象;正确处理好与本单位各职能科室、同事、领导的关系,积极主动地做好服务工作。

可见,财务人员的沟通能力直接关系到其财务工作成果的好坏,直接影响到企业生存发展的机会和可能。

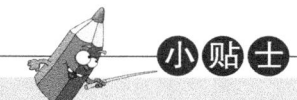
小贴士

通过有经验的工作者进行的相关介绍,我们发现财务岗位在实际工作中,还有一种能力十分重要,就是速算、心算能力。在实际的票据和账务处理中,这两个能力直接关系到我们的工作效率。在此,我们介绍几种速算方法。

1. 笔算式脑算法

笔算式脑算法的计算方法同笔算基本一致,是利用大脑形象再现笔迹演算过程而求得运算结果的一种脑算方法。现行小学数学课中采用的基本上都属于这种方法。

笔算式脑算要求熟记162个加减法算式和乘法九九口诀。对于多位数的运算,需要用笔记录中间运算过程,因此,笔算实际上是脑算加笔录的手操算。

2. 概念式脑算法

概念式脑算法是一种较特殊的算法,它利用数与数之间的特殊关系,根据各种运算定律、性质、法则进行简便脑算的方法。

3. 指算式脑算法

指算式脑算法是按照指算的法则和模式进行的脑算。该方法在我国古代称为"一掌金""手算"。运算前以左手五指作为五位,每指分在左、中、右三行,分别在指节上暗记数码1,2,3,4,5,6,7,8,9。运算时,用右手指掐在相对应的左手指记数部位上。由于古人衣袖较长,两手都可在袖中掐指默算,故称"袖里吞金"。

4. 珠算式脑算法

珠算式脑算法简称"珠心算",就是把26个动珠码内化在脑中,在脑中通过拼排动珠码求得结果的脑算。

珠算式脑算按照珠算的模型,计算时从高位起算,数字输入与运算一致,数字拼排自如,珠停数出,运算过程最短,具有一体性。这种脑算模型通用于手操算、计算机运算和脑算等,学习上形象、直观、易学。它是目前世界上最好的脑算。但是,也要求我们要掌握珠算的基本功才可以使用此方法。

以上是一些简单的脑算方法的介绍,同学们可以根据自己的情况深入学习一些适合自己的脑算方法,来提高我们工作的效率。

第四节　财务工作流程

> **案例导入**
>
> 小张是某公司新招录的一名财会工作者,实习期已经结束,领导对他也比较满意,开始交给他一些涉及现金方面的工作。由于平时接触到大量现金的机会很多,出于保护自己,小张也开始使用保险柜,但是刚接触保险柜的他,感觉到一头雾水,于是他请教了公司里经验丰富的员工,逐渐学会了保险柜的使用……
>
> 但是,如果我们在初入职场时已经掌握了保险柜的使用,和一些财务工作的基本流程,就可以使工作快速上手,赢得先机。本节我们也是来进行一下相关内容的学习。

一、财务会计工作流程

财会人员必须了解会计整个工作流程,更应该了解相关的财务软件,比如用友和金蝶,这两种财务软件是企业使用最广泛的。规模大或管理水平高的企业均采用信息化管理,应该知道如何使用软件和如何设置,只要凭证制作正确,其余一切由计算机自动完成:凭证—汇总—明细账—总账—报表等。

1. 财务工作流程环节

(1) 根据原始凭证或原始凭证汇总表填制记账凭证。

(2) 根据收付记账凭证登记现金日记账和银行存款日记账。

(3) 根据记账凭证登记明细分类账。

(4) 根据记账凭证汇总、编制科目汇总表。

(5) 根据科目汇总表登记总账。

(6) 根据总账和明细分类账编制资产负债表和利润表。

如果企业的规模小,业务量不多,可以不设置明细分类账,直接将逐笔业务登记总账。但实际会计实务要求会计人员每发生一笔业务就要登记入明细分类账中。而总账中的数额是直接将科目汇总表的数额抄过去的。企业可以根据业务量每隔5天、10天、15天,或是1个月编制一次科目汇总表。如果业务相当大,也可以1天一编。

2. 具体内容

(1) 每个月所要做的第一件事就是根据原始凭证登记记账凭证(记账凭证一定要由财务经理或者会计机构负责人、会计主管人员签字后才能做),然后月末或定期编制科目汇总表登记总账(之所以月末登记,是因为要通过科目汇总表试算平衡,保证记录不出错),每发生一笔业务就根据记账凭证登记明细账。

(2) 月末要注意计提折旧、摊销待摊费用等,若是新成立的企业开办费在第一个月全部转入费用 。计提折旧的会计分录是:

借：管理费用（或制造费用）
　　贷：累计折旧

这个折旧额是根据固定资产原值、净值和使用年限计算出来的。月末还要提取税金及附加，实际是地税这一块，如城市维护建设税、教育费附加、堤围防护费等，由税务决定。

（3）月末编制完科目汇总表后，编制两个分录。第一个会计分录是将损益类科目的总发生额转入本年利润：

借：主营业务收入（投资收益、其他业务收入等）
　　贷：本年利润

第二个会计分录是：

借：本年利润
　　贷：主营业务成本（营业税金及附加、其他业务成本等）

转入后，如果差额在借方为亏损不需要交所得税，如果在贷方则说明盈利需交所得税，计算方法：所得税＝贷方差额×所得税税率，然后做记账凭证。

借：所得税
　　贷：应交税费——应交所得税
借：本年利润
　　贷：所得税

所得税虽然和利润有关，但并不是亏损一定不交纳所得税，主要是看调整后的应纳税所得额是否为正数，如果是正数就要计算所得税，同时还要注意所得税核算方法，采用应付税款法时，"所得税"科目和"应交税费"科目金额是相等的，采用纳税影响法时，存在时间性差异时"所得税"科目和"应交税费"科目金额是不相等的。

（4）根据总账的资产（货币资金、固定资产、应收账款、应收票据和短期投资等）、负债（应付票据、应付账款等）和所有者权益（实收资本、资本公积、未分配利润和盈余公积）科目的余额编制资产负债表，根据总账或科目汇总表的损益类科目（如管理费用、主营业务成本、投资收益、主营业务附加等）的发生额（本月发生额）编制利润表。

关于主营业务收入及应交税费，应该根据每个月在国税所抄税的数额来确定。因为税控机会打印一份表格上面会有具体的数字。

（5）装订凭证，编写报表附注，分析情况表等。

3．报表分析

企业会计报表包括四个报表，除了资产负债表和利润表外还有利润分配表和现金流量表。而利润分配表只需要在年末编制，因为只有在年末企业才会对所盈利的利润进行分配。而现金流量表只是根据税务部门的要求进行编制，不同地区、不同省份要求不同。

4．抄、报税说明

抄税是指开票单位将防伪税控中开具的增值税专用发票的信息读入企业开发票使用的IC卡中，然后将IC卡带到国税局，国税局的电脑系统中，以便和取得发票的企业认证进项税金，最终记入国税局计算机系统的信息将进行全国范围的发票比对，防止企业开具阴阳票、大头小尾票，并控制企业的销售收入。

报税、抄税、认证,是增值税防伪税控系统每个月必须做的工作,是金税工程所属的开票、认证两个系统的工作。具体操作顺序如下:

(1)抄税。抄税写 IC 卡—打印各种报表—报税。

第一,抄税起始日正常抄税处理。进入系统—报税处理—抄报税管理—抄税处理—系统弹出"确认对话框"—插入 IC 卡,确认—正常抄写 IC 卡成功。

第二,重复抄上月旧税。进入系统—报税处理—抄报税管理—抄税处理—系统弹出"确认对话框"—插入 IC 卡,确认—抄上月旧税成功。

第三,金税卡状态查询。进入系统—报税处理—金税卡管理—金税卡状态查询—系统弹出详细的信息。

(2)报税。将抄税后的 IC 卡和打印的各种销项报表到税务局纳税服务大厅交给受理报税的税务工作人员,他们会根据报税系统的要求给企业报税,也就是读取企业 IC 卡上开票信息,然后与各种销项报表相核对,然后进行报税处理。

(3)认证。认证时,携带当月要准备抵扣的增值税专用发票抵扣联,到国税局发票认证窗口办理即可。增值税专用发票开出 90 天内认证有效,当月认证的必须在当月抵扣。

二、财务保险柜的使用

(一)保险柜的组成

保险箱的组成其实比较简单,就像我们居住的房子,首先要有可以住人的房屋(箱体),然后要有一扇门(门板),门为了起到防盗效果必须安装一把锁(防盗锁具),通过锁具把房门与房屋锁起来(传动机构)方能确保房间的安全性,这样就基本形成了房子的基本框架。但如果把房子作为商品要卖出去,那么就必须要有房子的验收合格报告、使用说明书等。这样就完整地形成一套商品了。

从上面的例子当中,我们就清楚地了解了构成保险箱的五大要素,即箱体、门板、防盗锁具、传动机构和附件。那么,为什么我们平时却会看到各式各样的保险箱呢?这是因为上述五大要素在发生一些变化,即采用了不用的规格、材料、工艺、配件等原因,导致形成各种型号规格的产品。其目的就是使保险箱多样化,符合市场不同消费习惯的人群使用,这就是我们平常所说的满足市场需求。

我们知道了保险箱的各种型号变化,是由于构成其五大要素的变化。那么,我们有必要了解这些要素又是哪些元件来组成的,有利于进一步了解其结构。

(1)门板,包括门板、机构、锁壳后盖和铰链(摇杆)。

(2)箱体,包括外壳、后板、底板、槽型钢(或档条)、隔层板和架脚(或橡胶脚)。

(3)防盗锁具,分电子锁具和机械锁具两种。电子锁具按显示方式不同,可分为 LCD 液晶显示、LED 数码显示和指示灯显示;按操作功能不同,可分为密码型、磁卡型、指纹型和遥控型;按开启方式不同,可分为电磁铁型和电机型;机械锁具分机械锁和机械密码锁两种。

(4)传动机构,包括门栓固定板、滑板、门栓及辅助件。

(5)附件,包括说明书、合格证、包装箱、安装膨胀螺钉和泡沫等。

(二)使用保险柜的注意事项

保险柜是一种防盗器具,是财务人员存放现金、证券、银行支票及印章的重要工具。

为保证资金的绝对安全,在使用中应特别注意以下事项:

(1) 为保证保险柜固定可靠,膨胀螺母中的锥销必须锤击至螺母胀开胀紧。螺母在墙孔中充分坚固。必须将保险柜紧固于混凝土墙上。

(2) 保险柜只能由财务人员本人开启。

(3) 保险柜的钥匙一般配置两把,一把由财务人员本人保管使用,另一把由财务人员装入信封签名封存后,交老板妥善保管,以便在特殊情况下备用。

(4) 保险柜的密码应严格保密,密码说明书应存放两处,原财务人员离岗,转任的财务人员应启用新的密码,切勿把说明书、应急钥匙锁入保险柜内;开启密码时,如有旁人在场,财务人员应尽可能以身体挡住保险柜,以免泄密。

(5) 转动机械密码锁时,需静心顺势缓转,切勿猛力旋转,同时记清方向及次数,如不慎超过标记线,不可倒回,必须重新开始。

(6) 设置密码最好保险柜门打开的情况下进行,密码设置完毕后,应输入新密码操作几次,确认无误后,方可将柜门锁上。

(7) 保险柜内不得存放私人财物。

(8) 保险柜应尽可能放在隐蔽、干燥处,如有条件,财务人员办公处尽可能单处一室,避免将保险柜放在人多嘈杂处,避免财务人员与非财政部门同处一室。

(9) 保险柜如发生故障,应到公安机关指定的维修点维修,以防保险柜失密。

(10) 遇两天以上的节假日,或财务人员离岗两天以上时,财务人员应在保险柜门贴封条。

(11) 如遇保险柜被撬,应保护好现场,迅速报案。

保险柜是财务工作者常用的办公设备,随着科技的发展,保险柜也由原先的机械型逐步演化成电子型等多种形式的保险柜。下面我们就来介绍一下常见的电子保险柜的使用方法。

一、电子密码锁的使用

电子密码锁是通过在键盘上输入数字信息,经电脑程序比对确认后开启锁具。键盘由"0~9"十个数字键和"＊""＃"两个键组成,"＊"键的作用是切换电子密码锁的各种功能,"＃"键的作用是启动电脑程序工作和确认输入信息。它的基本使用操作如下所述。

1. 输入密码开锁

按"＃"键启动电脑程序工作,液晶显示器屏幕亮,输入密码后再按"＃"键确认,液晶如显示"OPEN",表明密码正确已开锁;液晶如显示"ERROR",表明密码不正确;液晶显示器屏幕灭,电子密码锁自动上锁,电脑程序进入睡眠状态。当使用管理码开启电子密码锁后,用户码将自动改为出厂设置时的"12345"密码。

2. 修改密码

修改密码的原则是必须是原密码的持有人才能修改密码,以保证安全使用。当液晶显示"OPEN"时,按"＊"键后再输入新的密码,再按"＃"键确认,液晶显示器屏幕灭,密码修改完成。每次输入密码失误时,按"＊"键,可将已输入的数字删除。按一次,可删除刚输入的一位数字,按住"＊"键,可删除已输入的全部数字。

(续上)

3. 开启报警

对不同型号的电子保险箱,开启报警的方法略有区别,请仔细参照说明书来进行操作,一般有以下三种方式开启报警:①在睡眠状态下直接按"＊"键即启动报警系统;②按"＃"键启动电脑程序工作,再按"＊"键,报警系统已启动;③按"＊"键启动电脑程序工作,再按"3"键,报警系统已启动。

必须注意的是:每次开启电子密码锁后,必须重新开启报警系统。

4. 密码显示选择

按"＃"键启动电脑程序工作,再重复按"＊"键,可选择输入密码时是否显示密码。液晶显示"DISPLAY"时,输入的密码用数字显示;液晶显示"HIDE"时,输入的密码不用数字显示,用符号"□"或"＊"代替。

5. 日期、时间设置

按"＊"键启动电脑程序工作,再按"1"键,就可以修改日期和时间了。按"＃"键光标右移,按"＊"键光标左移,设置完以后将光标右移至最后,电脑程序将自动确认。

6. 查询开锁记录

按"＊"键启动电脑程序工作,再按"2"键,就可以查询开锁记录了。按"＃"键一次,显示前一次的开锁记录,按"＊"键一次,显示后一次的开锁记录。

7. 程序初始化

在睡眠待机状态下,按一下电子密码锁CPU主控板上的按钮,电脑程序将初始化,用户码和管理码变为"12345"和"67890"。

8. 外接电池盒的使用

当电子密码锁电池耗尽时,将不能使用。这时,可用外接电池盒装上电池,将插头插入面板下的电源插座中,便可以使用电子密码锁了。

二、应急锁的使用

应急锁是用于电子密码锁发生故障时,应急开启电子密码锁的。它是一种弹子锁,但它的圆柱形弹子不是直线排列的,而是圆周形排列的,通过圆管状钥匙上半圆形长度变化不同的牙花来对准锁芯中圆周排列的长度变化不同的圆柱形弹子,从而实现锁芯旋转开启的一种锁。

使用时,请注意钥匙的插入方向:钥匙管上的凸起必须对准锁头上的缺口才能插入钥匙,插入钥匙后必须在向里推紧钥匙的同时,逆时针(向左)转动钥匙到底,即可打开电子密码锁。

机械应急锁一般都隐藏式安装,具体位置及使用方法详见产品用户手册说明,但切记机械应急钥匙不可作为正常开启保险箱、柜的使用。

三、电子钥匙的使用

部分型号的电子保险柜有电子钥匙,只需将电子钥匙插入面板下的插座中,即可开锁,同时已设置好的用户码将改为出厂设置"12345"。需修改管理码时,必须插入电子钥匙后才能修改管理码。

任 务 模 拟

同学们分成小组,每组5～6人,分别扮演公司经理、人事部门负责人、财务主管、会计和新应聘应届大学毕业生,分别体会一下处在不同位置时对于应聘者的感受,学会从对方角度出发考虑和思考问题。

知 识 拓 展

了解不同职业,不同岗位,不同工种之间对于员工的业务素质有哪些相同和不同的要求,在这些要求中找到各自的优劣。

本 章 练 习 题

一、选择题

1. 会计人员应具备的工作态度不包含(　　)。
   A. 树立职业理想,端正工作态度　　　B. 明确会计职责,熟悉专业技能
   C. 严守工作纪律　　　　　　　　　　D. 灵活适应规则
2. 财务人员应树立的职业道德不包含(　　)。
   A. 爱岗敬业　　　B. 熟悉法规　　　C. 灵活变通　　　D. 客观公正
3. 财务人员应具备的精神品质和自我意识包括(　　)。
   A. 追求创新的精神　　　　　　　　　B. 培养自己的独立意识
   C. 良好的职业道德素养　　　　　　　D. 固定保守的思维模式
4. 财务人员应具备的个人品质和职业道德不包括(　　)。
   A. 诚实谦虚的品性　　　　　　　　　B. 熟悉法规、依法办事
   C. 实事求是、客观公正　　　　　　　D. 服务领导、保守秘密
5. 会计工作的基础能力是(　　)。
   A. 快速纠错能力　　　　　　　　　　B. 处理业务的创新能力
   C. 灵活审查能力　　　　　　　　　　D. 高水平心算能力
6. 财务分析的基本方法不包括(　　)。
   A. 比较分析法　　B. 比率分析法　　C. 因素分析法　　D. 函数分析法

二、判断题

1. 财务的记账过程,就是一个对单据进行整理、归纳、分类和定性的过程。(　　)
2. 会计人员只需要学会手工记账即可,无纸化的会计工作并不重要。(　　)
3. 好的会计要学会灵活适应周边环境。(　　)
4. 会计不仅要基础扎实,业务精通,同时也要精通税法、法律等方面的问题。(　　)
5. 财务人员应具备开阔的思路和敏锐的洞察力。(　　)
6. 相对于其他一般职业,政治素质对会计人员并不重要。(　　)

7. 对会计凭证的整理是财务人员必须谙熟的基本功。（   ）
8. 企业会计报表包括资产负债表、所得税表、利润分配表和现金流量表。（   ）
9. 抄报税是增值税防伪税控系统每个月都必须做的工作。（   ）
10. 财务人员即使在离职后也应当严格保守自己在职期间获知的内部机密。（   ）

三、简答题

1. 财务人员应具备的工作态度是什么？
2. 会计法律制度的基本原则是什么？
3. 财务人员应具备哪些个人品质和职业道德？
4. 财务会计工作流程大致可分为几个环节？

四、讨论题

详述财务人员应具备的工作能力。

第五章 了解并融入企业文化

本章综述

系统地阐述了企业、文化以及企业文化之间的关系。同时说明了企业文化建设以及企业文化的改革,最后引出了跨企业文化的管理。

知识要点

企业概述及主要特征

关于文化与企业文化

企业文化建设

企业文化变革

跨文化管理

第一节　企业概述及主要特征

案例导入

  同仁堂是国人众所周知的驰名大药房,它之所以如此有声誉,源于有数百年的文化传承。北京同仁堂创建于康熙八年(公元 1669 年),至今已有 300 多年历史。同仁堂受到社会的尊敬显然不是近几年的事。在其 344 年的历史中,这家百年老店一直都在小心呵护着自己的金字招牌,"炮制虽繁必不敢省人工,品味虽贵必不敢减物力"的堂训,完整地绵延下来,因此,同仁堂所制药品,丸、散、膏、丹均保证其质量,以治病救人为宗旨,为国人所折服。其济世养生、取利于义的经营理念,不仅体现出中国儒商文化的精髓,也同样暗合现代经济学的文脉。

  成立伊始,"同仁"两字就确定了这家企业"济世养生""诚实无欺"和"货真价实"等安身立命的行为规范。当这些规范如基因般存在于不同时代的同仁堂及其员工中时,这家企业在百姓心中几乎成为中药的代名词。同仁堂一直没有忘记创始人的家训,那就是堂上高悬的"修合无人见,存心有天知"。同仁堂有一味叫"紫雪丹"的药。按史料记载,制造紫雪丹的古配方要求使用"金锅银铲"煎制,对于这一苛刻的要求,多数医家都睁只眼闭只眼,因为在炮制紫雪丹的过程中就是免了"金锅银铲"这道程序也无人知晓。20 世纪初,乐氏家族曾经为了制造紫雪丹发动各房将金银首饰拿出来,放入锅内与药同煮,使金银元素在药中发挥作用,确保了各方紫雪丹的制药质量,此事已成为一段流传百年的佳话。在手工作坊时代,药品全部依靠手工生产,如果少了一味药材或是拿错了一味药材,多一分少一厘,有不洁之物掉入炼药锅里,或者少操作一道工序,或者没有严格按规定程序去做,患者服用时也不可能有所察觉。同仁堂的质量保证,就是"靠同仁人的天职,靠同仁人的责任感"。一位老员工回忆说,同仁堂炒炙药材,规定操作人员必须时刻守候在锅边,细心观察火候,不时翻动药料。有一次,他装料入锅后暂时离开了一会儿,被老师傅发现,老师傅大发雷霆:"像你这么干,非砸了同仁堂的招牌不可。"在生产药品和保证质量之间的各个环节上,由传统而生的同仁堂文化像一双巨大的无形之手,不仅约束着员工们凭天良干活,认真、一丝不苟,而且培养了同仁堂人良好的职业素质。

  百年老字号是先谋势,再谋利。其实商家逐利,天经地义,稍微了解一点同仁堂的历史就会知道,类似同仁堂这样讲究逐利有道,并非一般企业能做得到的。同仁堂的经营理念和商业信誉是建立在中国几千年的儒家思想,尤其是以"仁"为核心的哲学基础之上的。"同仁"两字源于《易经》,即无论亲疏远近均一视同仁的大爱。

  在这家百年老店里,可以从很多细微之处感觉到它对历史传承的重视。虽然同仁堂是一家拥有上市公司的现代企业,但从其员工的言谈举止间,都能感觉到那份对自己企业昨天的尊敬。走进任何一家同仁堂药店,都能注意到同仁堂抓方的柜台有里外两层:调剂员在里层柜台里抓药,顾客在外层柜台等候取药,两层柜台间,是富有经验的老药师进行复核。这种一张方倒两遍的做法,据说很好地避免了因抓错药而产生的事故。所以,同仁堂创办伊始,就有了自己的制药原则:"古方无不效理,因修合未工,品味不正,故不能应症耳。"这种在原材料和炮制工艺上的讲究甚至苛求,正是同仁堂声誉鹊起 300 余年的磐石之基。

企业一般是指以营利为目的,运用各种生产要素(土地、劳动力、资本和技术等),向市场提供商品或服务,实行自主经营、自负盈亏、独立核算的具有法人资格的社会经济组织。企业并不是人类社会存在以来就有的,它是社会生产力发展到一定水平时产生的,是商品经济的产物。现代经济学理论认为,企业本质上是"一种资源配置的机制",其能够实现整个社会经济资源的优化配置,降低整个社会的"交易成本"。

企业的基本特征是指企业自产生以来各行各业、各种类型的企业共同的质的规定性,包括以下五方面。

一、组织性

企业不同于个人、家庭,它是一种有名称、组织机构、规章制度的正式组织,是由企业所有者和员工通过契约关系自由地(至少在形式上)组合而成的一种开放的社会组织。

二、经济性

企业作为一种社会组织,它首先是、主要是、本质上是经济组织,以经济活动为中心,实行全面的经济核算,追求并致力于不断提高经济效益;而且,它也不同于政府和国际组织对宏观经济活动进行调控监管的机构,它是直接从事经济活动的实体,与消费者同属于微观经济单位。

三、商品性

企业作为经济组织,又不同于自给自足的自然经济组织,而是商品经济组织、商品生产者或经营者、市场主体,其经济活动是面向、围绕市场进行的。不仅企业的产出(产品、服务)和投入(资源、要素)是商品,而且企业自身(企业的有形、无形资产)也是商品。

四、营利性

企业作为商品经济组织,它是市场经济的基本单位,以赢取利润为直接、基本目的,利用生产、经营某种商品的手段,通过资本经营,追求资本增值和利润最大化。一切企业的运营本质上都是资本的运营,所有企业家的根本职能、职责都是用好资本,让它带来更多利润并使自身增值。

五、独立性

企业是一种在法律和经济上都具有独立性的组织,它(作为一个整体)对外,在社会上完全独立,依法独立享有民事权利,独立承担民事义务、民事责任,拥有独立的、边界清晰的产权,具有完全的经济行为能力和独立的经济利益,实行独立的经济核算,能够自决、自治、自律、自立,实行自我约束、自我激励、自我改造、自我积累、自我发展。

第二节　关于文化与企业文化

案例导入

2003年5月,分众传媒控股有限公司正式成立,通过实践CEO江南春的广告无缝化传播理论、落地液晶广告屏这一新载体,分众取得了第一步成功。

2003年1月,江南春在上海徐家汇太平洋百货等电梯时发现,人们在等待电梯的几十秒内,除了看墙体海报广告外,并没有更有意思的事情可以做。新生代市场监测机构艾瑞公司于2003年8月在北京、上海的调查显示,人们每天等候和乘坐电梯的时间达到了303.28秒,而分众有效地利用这个"无聊"的时间来抓住人们的眼球,他们坐上了电梯广告这艘空船,驶向分众传播这片海。

2005年7月13日上午,分众传媒控股有限公司正式在美国纳斯达克市场挂牌交易,成为首家登录美国纳斯达克市场的中国纯广告传媒股票,发行价定位为每股17美元,市值超过8亿美元,并以1.72亿美元募资额创造了纳斯达克的中国概念股之最。2007年,美国东部时间12月24日,分众传媒正式被计入纳斯达克100指数,这也是第一个被计入纳斯达克100指数的中国广告传媒股。

2005年10月,分众传媒收购占据中国主要城市90%以上的电梯平面媒体资源,拥有全国社区广告市场80%的框架媒介,进入社区平面媒体领域。2006年1月,上市不到3个月,分众即宣布以1.83亿美元的价格收购框架传媒,成为一线城市电梯广告的行业领跑者;此次收购成功后仅仅4天,又以3.25亿美元将最大竞争对手聚众传媒吞并,垄断了楼宇视频广告市场,巩固了行业领导地位。

分众传媒的生活圈媒体群由商业楼宇网、卖场联播网、公寓电梯海报网、互联网广告、电影院线和传统户外广告等组成,其中楼宇、卖场和框架媒体是分众的核心业务。2007年5月,分众集团中最后一块非数字化业务"框架媒介"升级成为数字化的"框架2.0"——液晶屏相框。在这个转变的过程中,框架2.0和分众楼宇电视、卖场电视等各种细分渠道的液晶屏被统称为分众的"数字化户外"。

分众传媒继续在新媒体拓展上进行着尝试。2010年,分众将一二线城市的广告显示屏高清化,三四线城市的屏幕倍增化;同时缩短电梯框架平面媒体的发布周期,卖场渠道向三四线城市下沉。智能手机的普及,对具有强迫性的传统媒体形成了威胁。

2011年10月,分众传媒Q卡计划正式实施。顾客可登录Q卡官方网站免费申领一张RDID卡(Q卡),收到卡后根据提示发送手机短信激活即能在互动屏的感应区刷Q卡,广告屏中显示的优惠信息就会以短信形式发送到手机上,顾客则凭借该信息去商家处消费或享受优惠。

2013年5月25日,分众传媒已与Giovanna Parent Limited旗下全资子公司Giovanna Acquisition Limited达成协议,以35.5亿美金的交易金额完成私有化,较上市之初募资的

1.72 亿美元增长 20 倍,收购报价为每股存托股票(ADS)27.50 美元,造就了亚洲企业历史上最大一起 MBO(管理层收购)。

一、文化与企业文化的概念

文化在汉语中实际是"人文教化"的简称。"教化"是这个词的真正重心所在。作为名词的"教化",是人群精神活动和物质活动的共同规范;作为动词的"教化",是共同规范产生、传承、传播及得到认同的过程和手段。

企业文化是企业为解决生存和发展的问题而树立形成的,被组织成员认为有效而共享,并共同遵循的基本信念和认知。企业文化集中体现了一个企业经营管理的核心主张,以及由此产生的组织行为。企业文化或称组织文化,是一个组织由其价值观、信念、仪式、符号和处世方式等组成的其特有的文化形象。

影响企业文化形成的因素主要有:民族文化和社会文化、外来文化、地域文化、行业文化、企业传统和个人文化等。

二、企业文化的结构剖析

企业文化结构就是企业文化的构成、形式、层次、内容和类型等的比例关系和位置关系。它表明各个要素如何链接,形成企业文化的整体模式,即企业物质文化、企业行为文化、企业制度文化和企业精神文化形态。

美国的特雷斯·迪尔和阿伦·肯尼迪在《企业文化——现代企业的精神支柱》一书中指出,企业文化是由企业环境、价值(观)、英雄、习俗和仪式、文化网络五个因素所组成的。这五个因素各自的作用是不同的。

1. 企业环境

企业环境是指企业所处的外部环境,包括市场、顾客、竞争者、政府和技术等。要塑造良好的企业文化,就必须认真分析影响企业文化生成的环境因素。

2. 企业价值观

企业价值观是指企业在经营过程中推崇的基本信念和奉行的目标,是为企业绝大多数成员共有的关于企业意义的终极判断,是企业文化的核心或基石。企业所信奉与推崇的价值观,是企业的日常经营与管理行为的内在依据。

3. 英雄形象

一个企业的英雄人物是企业为了宣传和贯彻自己的价值系统而为企业员工树立的可以直接仿效和学习的榜样。英雄人物是企业价值观的人格化体现,更是企业形象的象征。

4. 习俗与仪式

企业习俗是指企业的风俗习惯。企业仪式是指企业按照一定的标准、一定的程序进行的时空有序活动,如问候仪式、赏识仪式、管理仪式、研讨会或年会等。

5. 文化网络

企业内部传播消息的非正式渠道,对消息含义的解释,往往与正式渠道的解释不同;传递消息的整个过程,依靠人的口头表达。文化网络是传播消息的非正式渠道,管理者应该灵活地掌握它。

三、企业文化的功能

1. 导向功能

企业文化能对企业整体和企业每个成员的价值取向及行为取向起引导作用,具体表现在:对企业成员个体的思想行为起导向作用;对企业整体的价值取向和行为起导向作用。

2. 凝聚功能

企业文化的凝聚功能是指当一种价值观被企业员工共同认可后,它就会成为一种黏合力,从各个方面把其成员聚合起来,从而产生一种巨大的向心力和凝聚力。

3. 激励功能

企业文化具有使企业成员从内心产生一种高昂情绪和奋发进取精神的效应。积极向上的思想观念及行为准则会形成强烈的使命感和持久的驱动力,成为员工自我激励的一把标尺。

4. 品牌功能

企业文化和企业经济实力是构成企业品牌形象的两大基本要素。企业品牌展示一个企业的形象,企业形象是企业经济实力和企业文化内涵的综合体现。企业如果形成了一种与市场经济相适应的企业精神、发展战略、经营思想和管理理念,即企业品牌,就能产生强大的团体向心力和凝聚力,激发员工的积极性和创造精神,从而推动企业经济实力持续发展。

5. 约束功能

企业文化对企业员工的思想、心理和行为具有约束和规范作用。这种约束产生于企业文化氛围、群体行为准则和道德规范。群体意识、社会舆论、共同的习俗和风尚等精神文化内容,会使企业成员产生心理共鸣,继而达到行为的自我控制。

6. 辐射功能

企业文化一旦形成或为固定的模式,它不仅会在企业内部发挥作用,对本企业员工产生影响,而且也会通过各种渠道(宣传、交往等)对社会产生影响。

案例导入一

用户至上。乔布斯真正的秘密武器是他具有一种敏锐的感觉和能力,能将技术转化为普通消费者所渴望的东西。"在苹果公司,我们遇到任何事情都会问:它对用户来讲是不是很方便? 它对用户来讲是不是很棒?"乔布斯以用户个人化引导产品和服务,以员工个人化来塑造公司文化和创新能力,以自身个人化获得一种自由和惬意的人生。

创新精神。每当有重要产品即将宣告完成时,苹果都会退回最本源的思考,并要求将产品推倒重来。波士顿咨询服务公司共调查了全球各行业的940名高管,其中有25%的人认为苹果是全球最具创新精神的企业。

用人政策。在人才的使用上,乔布斯也极力强调"精"和"简"。乔布斯曾创立并管理的Pixar公司倡导的是没有"B团队","质量比数量更加重要"。

保密政策。关于保密政策,苹果员工如是表述:我为苹果工作了几年,可以说保密贯穿于整个企业,会有企业安全团队时时盯着你,就算是小小的违规也可能会遭到解雇。只要你遵守基本的行为规范就不必害怕;即使在苹果内部,保密文化也从一些方面体现出来。比如,如果你有朋友在其他集团工作,他们绝不会问你在干什么。交流往往只谈私事,或者无关紧要的事。

案例导入二

华为公司的核心价值观是:为客户服务是华为存在的唯一理由,客户需求是华为发展的原动力;艰苦奋斗;自我批判;开放进取;至诚守信;团队合作。华为非常崇尚"狼"的精神,认为狼是企业学习的榜样,要向狼学习"狼性",狼性永远不会过时。狼最显著的三大特征,一是敏锐的嗅觉,二是不屈不挠、奋不顾身、永不疲倦的进攻精神,三是群体奋斗的意识。作为最重要的团队精神之一,华为的"狼性文化"可以用"学习""创新""获益""团队"这几个词来形容。

第三节 企业文化建设

案例导入

1998年,福特公司董事会任命在澳大利亚长大,并曾经在欧洲担任过总经理的纳瑟担任福特首席执行官。对这位已在福特工作31年,但大多数经历都在海外的最高主管来说,董事会所赋予的使命是:打破各分公司、各事业单位、各功能部门各自为政的心态,使福特成为一家真正注重顾客需求,并且真正紧密整合的全球企业。于是,福特汽车描绘出了新的企业文化四要素,即具有全球化想法、注重顾客需求、持续追求成长,以及深信"领导者是老师"等四项概念,按照计划,福特的高层管理人员从听课与教课开始,逐步进行企业文化的改革。自从福特的改革教学计划实行以后,福特汽车公司的文化逐渐产生一些化学变化,不仅有更多的员工参与了公司的改革,还有更多的主管承诺了自己曾经传授的观念。

一、全员参与是企业文化建设的关键

只有企业全体上下共同执行才能真正地发挥企业文化的价值。要使企业文化得到执行,特别是一线职工的执行,必须寻找文化载体,从职工的日常工作行为中处处、时时地体现企业文化,这一点非常重要。

以价值观塑造为核心的企业文化建设,通过建立共同愿景、建设学习型组织、完善各种规范制度等途径,确立忠诚在企业、热爱在岗位、拼搏在市场、超越在自我的核心价值观,真正承认员工价值所在,支持员工价值追求,引导员工价值提升,保障员工价值实现,使员工真正成为物质富有和精神富有的有产者。

企业应坚持开展创建学习型组织活动,引导员工在团队学习的基础上,深化系统思考,不断提升整体素质,为以价值观塑造为核心的企业文化建设提供动力源。一是建立员工自

我设计的学习目标和方法。二是自主学习,走出去学习。三是形成学习共享与互动的组织氛围。定期组织召开学习研讨会、交流会和学习沙龙活动,鼓励员工自我培训。四是鼓励员工在做好员工本职工作的基础上,正确处理职业和事业的关系。

每个企业都应建立完善人力资本管理制度,引导员工以更强的动力,在更广阔的范围内围绕企业目标进行创新活动。一是建立物质激励制度。二是建立精神激励制度,设立员工成长路径和奋斗目标,为每个员工提供成长的空间。三是建立人才竞争制度,重视员工自我价值的挖掘和主人翁意识的培养。

倡导诚信文化。诚信是企业经营之本,如果没有良好的信任度,是做不好人,办不好企业的。通过提升员工的信用度,塑造良好的企业形象、经营形象和社会形象,提升企业的信用度和美誉度,从而为员工提供自我实现的舞台。

领导应准确把握角色,做企业的设计师、教练和愿景倡导者。领导干部要以身作责,率先垂范,亲自倡导并亲自实践,成为企业全体员工的楷模。企业领导还要把实现员工的全面自由发展作为企业发展的主旋律,不断为员工提供实现人生价值的舞台。

二、发挥企业员工作用,加快建设企业文化

1. 企业文化是一种价值观

企业文化实质上是全体员工的理想信念、价值取向、工作效率和道德作风等与企业价值观互相融合共生的过程。相对于传统的企业管理,企业文化建设是一种更高层次的管理思想和管理方式。

2. 建设和谐企业文化,坚持以人为本

一是制订所有职工高度认同的企业价值观。只有价值观高度认同了,才能使员工的个人价值追求与企业的理想、目标、使命和价值观等达到高度的统一。二是打造企业独特的文化价值观。确立独特的企业价值观,首先,要体现时代风貌;其次,要张扬鲜明的行业特色。三是要彰显企业的文化个性。四是构建和谐的企业人际关系,其核心是营造尊重人、关心人、帮助人的氛围。

3. 建立"用能任贤"的用人机制

选贤即用,用其所长,坚持疑人不用、用人不疑。同时,要注重发挥每一个职工的能动作用,在用人上真正体现"人人都是人才"的思想。

4. 建立长抓不懈的育人机制

企业的生存与发展需要源源不断地培养人才,防止出现人才断层和人才资源枯竭。有人说,培训是企业家和企业送给员工最好的礼物。企业不仅可以通过员工的自觉性、积极性、创造性的提高而增加企业的效率和经济效益,而且可以提高员工的能力、素养,使员工终身受益。

三、企业家与企业文化

企业家"entrepreneur"一词是从法语借来的,其原意是指"冒险事业的经营者或组织者"。从中可看出企业家的一些本质特征:冒险家、创新者。可将企业家定义为:企业家是担负着对土地、资本、劳动等生产要素进行有效组织和管理、富有冒险和创新精神的高级管理人才。

企业家作为企业生产经营的决策者,是企业文化的倡导者和培育者,更是企业文化建设

的人格化代表。企业家处在企业的最高领导层,因而在企业文化建设中居于核心地位,发挥着主导作用。

企业文化产生于企业的生产经营和管理之中,它的建成以企业员工的认同和内化为标志。从企业文化产生的渊源来说,企业员工既是企业文化的创造者,又是企业文化的实践者。企业家只有通过自己的感召力与示范作用,通过自己的强者形象在员工中产生模仿效应,才会有力地促进企业文化的建设与发展。相反,企业家如不注意建立和塑造自己的形象,就会减弱甚至丧失在员工中的威信,在某种程度上,就丧失了对企业、对员工的凝聚力、控制力与影响力。

1. 企业家是企业文化的总结者和倡导者

企业文化是企业历史的积淀,是企业行为的凝聚、企业精神的提炼,它的形成不是自发的,而是经过了一个较长的对企业历史文化进行总结和提炼的过程。在企业中,企业家总结企业文化,倡导企业文化,是自然而然的事情。

2. 企业家是企业文化的身体力行者

企业文化也被称为企业家文化,最重要的原因就是企业文化的倡导和实践者首先是企业家。企业家在企业各种场合的宣传与灌输,在实际工作中的实践与示范,会使企业形成浓厚的企业文化氛围,这种氛围是企业文化保持旺盛生命力的丰厚土壤。

3. 企业家是企业文化的创造者

企业家创造了企业核心价值观和经营理念,为企业注入了经久不衰的文化基因。管理学家彼得·德鲁克认为,企业家是未被承认的现代文化创造者,是可与艺术家的图腾形象相媲美的文化英雄。松下幸之助创立的"发展企业,贡献社会"的价值观,使松下成为世界名牌。创建IBM的沃森为IBM注入的价值观是"追求卓越,超过他人""IBM意味着最佳服务"。张瑞敏为海尔创造的理念是"日事日毕,日清日高""否定自我,创造市场""海尔真诚到永远"。这些著名企业家创立的企业价值观、经营理念,作为一种强大的文化驱动力,使他们的公司成为世界名牌,且无论其经营规模、经营品种、服务内容等经历了多次嬗变,但其价值观和理念经久不衰,成为促使企业持续健康发展的核心。

4. 企业家具有变革企业文化的作用

企业文化是时代的产物,应随着环境的变化不断发展和推进。变革的企业文化的形成可能是企业员工共同创造的结果,但企业文化中的主导信念却先在企业上层形成,然后逐步推行,任何改变这些信念的工作都必须在企业家的领导下进行。

企业文化是企业全体人员齐心合力建设的成果,其中企业家精神起着决定性作用。企业家是企业文化建设的总结者、倡导者、身体力行者和创造者,并通过自己的价值观从整体上来影响和决定企业员工的价值观和行为,最终形成一种企业性质的企业家精神,即企业文化。

总之,企业家在企业文化建设中起着核心领导作用,他们的价值观、创新观念与素质决定着企业文化的发展、创新与完善,企业文化离开了企业家精神只能始终停留在初始阶段而无法发展。

四、企业文化的传播

企业文化的传播是对企业文化的全面内涵和组成要素进行全方位的推广和扩散。企业文化传播分为内部传播和外部传播。企业内部的文化传播,又分为个体传播和组织传播。企业外部传播主要是通过行业报刊杂志、网络与电视媒体和户外广告牌等来宣传企业文化,树立企业形象与品牌。

企业文化传播的方式主要有企业内部信息交流平台建设和搭建文化传播载体等。要通过单位网络和信息平台等内部信息交流工具,加快企业文化信息流通速度,收集来自员工反馈的信息,迅速作出反应,促进企业内部良好氛围的形成。此外,企业内部刊物、网站都是企业员工和社会了解企业文化的重要媒介,要充分利用内部刊物、网站的阵地作用,大力宣传企业文化理念,营造浓厚的企业文化氛围。在企业文化传播过程中,通过有形的载体和方式传播企业文化。文化活动是有效的传播载体之一。要经常性地组织广大员工开展形式多样、健康向上的文化娱乐活动和拓展训练活动,让员工在活动中潜移默化地接受和认同企业文化,培养员工的团队精神,增强凝聚力和向心力。

第四节　企业文化变革

案例导入

联想20年来汹涌澎湃的历史浓缩,大致分成三个主要的阶段:

第一个阶段:以目标导向的创业文化。

20世纪90年代之前,这是联想求生存阶段,主要通过代理、服务等手段累积资金。创业阶段的口号是"不看过程看结果,不看苦劳看功劳""质量是生命,用户是皇后""信誉比金子还贵"等,这时的联想文化以目标导向的创业文化为主。

第二个阶段:管理文化、严格文化、亲情文化。

1990—2000年,这一阶段是联想创立自有品牌的阶段,成功打造了"联想电脑"这个金字招牌。2000年,联想集团实现销售收入284亿元人民币,联想电脑以28.9%的市场份额保持国内第一,并且蝉联亚太电脑第一,跻身全球电脑十强。这个阶段的发展,以1990年通过的《联想集团管理大纲》为标志,联想集团进行了规范化管理阶段,开始倡导"求实、进取"的管理文化。1996年,柳传志总结出了著名的"管理三要素"。到20世纪90年代中后期,联想的发展从助跑进入起跑状态,公司迅速扩张。1997年,杨元庆在联想电脑公司提出了"认真、严格、主动、高效"的'严格文化"。过于要求认真严格,公司内缺少一种"湿润的空气",1999年9月,以杨元庆举着"请叫我元庆"的牌子在大门口迎接员工为例,联想电脑公司推行"无总称谓"的"亲情文化"。

第三个阶段:重提"创业文化"。

从2000年开始,联想集团进入跃进新台阶的时期,追求在IT领域的多元化发展,进行新的创业。为适应网络大潮以及矩阵管理模式的需要。

2000年5月,联想集团将"亲情文化"概括为"平等、信任、欣赏、亲情"。

2001年,向大企业病开火,重提"创业文化",重新提倡创业企业管理。

2002年,倡导以客户体验为主的"服务文化",追求"精细化管理"。

2003年,随着越来越多的高级人才加入联想,联想文化中又加进了"包容、尊重、沟通"的要素,从"无障碍沟通"前进到"朋友式沟通"。

杨元庆在一次"高级人才进职班"上总结说:"联想最大的特点是学习型企业,不断地完善自己。它也在不断完善,软的成分在增加。这个社会最基本的法则就是适应,我们要做多元化,要做产品和服务,要做技术创新,没有在文化上的变化是不可能的。"

一、企业文化变革策略

企业文化深嵌于组织成员的思想意识之中,不可能被领导者所轻易操纵与改变。因此,在企业文化变革的过程中,必须注意采用恰当的领导策略与方法。

1. 为组织成员塑造共享的变革愿景

"变革的愿景能否为组织成员所共享,是影响变革成功与否的重要因素。如果有任何一项领导的理念,几千年来一直能在组织中鼓舞人心,那就是拥有一种能够凝聚并坚持实现共同愿景的能力""当我们将'愿景'与一个清楚的'现况景象'同时在脑海中并列时,心中便产生一种'创造性张力',一种想要把两者合而为一的力量。这种由两者的差距所形成的张力,会让人自然地产生舒缓的倾向,以消除差距"。

2. 提倡变革型的领导行为,塑造变革型的领导文化

在变革型的企业文化中,组织框架的流动性更强,对于企业文化的变革更为有利。因此,作为企业文化的塑造者、建构者及引导者,领导者在做好常规管理工作的基础上,应该特别关注有利于革新的企业文化氛围的塑造。在变革型文化中,领导者按照变革型领导行为方式进行管理,就像一个导师、教练和行为榜样一样,注意采用理想化影响、动机鼓舞、智能激发,以及个别化关怀的方式来对待下属。

3. 给予成员参与决策并选择参考框架的机会

组织成员自愿放弃旧的参照框架,转而对新的框架作出承诺是企业文化得以顺利变革的重要心理基础。让组织成员参与管理和决策,目的在于建立彼此信任、开放沟通的变革氛围,减少员工的不安全感和负面情绪。

4. 倡导自我监控、自我反省的组织学习

在组织学习的过程中,领导者与组织成员需要对组织不断地进行自我监控与反省。许多企业失败的原因,常常在于对缓缓而来的致命威胁习而不察。

二、企业变革阶段

勒温曾指出,不管是对个体、群体还是对组织的变革,都会经历解冻、变革和再冻结三个阶段。在此基础上,将企业文化的变革分为五个阶段,即需求评估、解冻、变革、评价和冻结。

1. 需求评估

这一阶段需要外部专家对现存的文化进行诊断,主要任务是收集数据、分析测定现存企业文化的现状及其与向往状态的差距。

2. 解冻

打破已有的行为方法和程序，引导人们关注固定程序，在需求评估的基础上，告诉人们为何要发生变革。

3. 变革

一旦现有的行为模式被解冻，就可以实施变革的过程了。

4. 评价

评价和衡量对企业文化的变革至关重要。评价不仅是用作衡量成果的重要手段，本身也是一种干预手段，对于成果，评价起到巩固提高的作用；而对于失误部分，起到纠正指导的作用。

5. 冻结

这是使行为稳定，保证人们有效运作的手段。如果个人或企业处于不断变化的状态下，宗旨和目标是无法实现的。这就需要将变革产生的好的方法、行为稳定下来，固化为企业整体的心理程序，成为新的企业文化的组成部分。冻结，是变革后企业文化的形成。

三、企业文化变革的具体实施

企业文化要支持企业技术和观念意识的发展变革，与时俱进。但文化有很强的惯性力量，变革过程中会遇到各种障碍和阻力，因为现存的价值取向、行为模式、管理作风和基础结构都可能成为变革的目标。企业文化变革是人的变革，是人的观念和行为的改变。变革对员工意味着未来的不确定性，与生俱来的对变化的恐惧心理和反抗心理形成的文化惯性阻力；企业中的既得利益集团在利益受到损害为维护自身的利益会反对变革。因此，企业文化的变革会遭遇来自各个层面和各个方向上的阻力。

企业文化的变革阻力是无法完全排除的，但在变革实践中人们探索出一套有效的策略，可以将变革的阻力减少到最小。

（1）企业文化的变革只能是自上而下的，需要企业高层领导的支持。因为只有企业的高层领导者才有改变企业价值观和深层结构的权力，同时他们必须以身作则，积极通过言行举止传达新的文化。

（2）企业文化的变革领导者应具备一整套领导艺术才能。富有远见卓识，善于描述理想文化的前景，激励员工不仅希望得到新的文化，而且愿意投身于它的实现。随着文化变革的进程，他们不断地提供鼓励和支持。

（3）员工既是企业文化作用的客体，也是企业文化建设的主体。企业要进行广泛的沟通交流，让员工充分了解企业文化变革的目标、意义及其影响，取得员工的理解和支持并积极参与到变革中来，共同努力改变不合时宜的价值观和行为。将新的员工引入企业，由他们带来企业变革所需要的新价值观和行为，对变革的过程有很大的帮助；而将那些不愿意接受变革的人调离，也会加速变革的进程。

（4）奖励对于价值观和行为的塑造具有重要意义。将奖励和报酬与那些有助于实现公司的任务目标的行为挂钩，让员工了解如何才能受到奖励，从而引导他们实现行为方式的转变。总之，企业文化变革的阻力来源于人与人相关的利益关系，只有理顺和摆平这些关系，变革的障碍才能最终克服。

第五节 跨文化管理

案例导入

1891年,詹姆斯·奈史密斯(James Naismith)博士在美国麻省春田学院发明了篮球运动,揭开了篮球运动发展的序幕。1949年夏,6支国家篮球联盟队伍并入了全美篮球协会,这就是今天誉满全球、令球迷们如痴如醉的NBA。1967年2月2日,又一个职业篮球联盟——美国篮球协会ABA在纽约宣布成立。由此,这两大职业篮球组织开始了整整9年的竞争。直到1975—1976赛季,NBA完成了与ABA的合并,NBA的球队增加到了22支。

如今,NBA的球队增加到了30支,形成了一个规模化的大型篮球市场,完成了对美国职业篮球从人才、资金到市场的全部垄断。"NBA联赛的经营体制由俱乐部和联盟构成。各俱乐部是以盈利为目的的独立法人,是公司;而联盟是一个非营利性的商业组织,而不是政府机构。NBA的本质与其说是一个体育联盟,倒不如说是一个跨国的体育经营公司。"

如今,NBA已经远远超出了体育竞赛本身的范畴,从知名度和经营收入这两个方面来看,历史最短的NBA在美国的篮球、棒球、冰球和橄榄球这四大职业体育组织中已经荣登榜首,年收入超过40亿美元。NBA虽然不是北美地区观众最多的联赛,但却是世界上最全球化、影响力最大的职业体育组织。NBA经常作为成功的案例出现在各商学院的营销教程里,这些教程讲述的都是NBA如何运用大牌明星的品牌效应宣传联赛、如何运用现代媒体手段推销联赛、如何运用国际化战略走向全球化。

"文化工业在大众传媒和日益精巧的技术效应的协同下,大批量生产千篇一律的文化产品,来将情感纳入一种巧加包装的意识形态,最终使受众将个性无条件交出,淹没在平面化的生活方式、时尚化的消费行为,以及肤浅化的审美趣味之中。"NBA突出展现的是一种文化属性以及娱乐属性,并与最先进、最时尚的宣传推广、包装运营以及高科技含量的电视制作密切相关,能够给所有人以感官上的刺激。它是工业社会的快感文化,提供可望而不可及的虚假快乐,用虚假的快乐"骗走"了人们从事更有价值活动的潜能。

从与产品或服务的关系角度来看,核心竞争力实际上是隐含在公司核心产品或服务里面的知识和技能,或者说是知识和技能的集合体。NBA作为一个以盈利为目的的商业组织,其核心竞争力的构建主要体现在薪资制度、球员转会员制度和NBA的造星运动上。

NBA赛事转播可以说是体育与电视转播最完美的结合体。NBA在最近10多年来取得的令人瞩目的进步和电视转播密不可分。NBA的转播版权,通常分为有线电视、无线广播电视、卫星电视、互动电视播放权、出版发行权、网络转播权等。NBA比赛的直播、转播一直是美国各主要电视台眼中的"热门节目",许多电视台不遗余力地转播比赛,除了当地的电视台之外,NBC、TBS、FOX、TNT等全国性电视台也进行转播。NBA的全国电视转播收益一路攀升,由1973—1974赛季的900万美元增加到2008—2009赛季的9.3亿美元。

NBA的国际授权商为全球六大洲超过100个国家的球迷提供NBA授权产品,包括运动服装、运动用品、球星卡、文具、出版物、录像带、家居用品、电子游戏、玩具游戏、纪念品等。授权产品全球总销售额的25%来自美国本土以外,仅在中国就有20 000多家NBA授权产品专卖店。

NBA的国际化其实正是美国文化全球化的一个缩影。全球化已经由世界经济一体化进而向政治、文化领域扩散,全球化概念也日益成为一个多领域、多视角、多层面、多维度、多方法探讨的概念。全球化正以资本的巨大力量影响着世界各国经济发展的步伐和方向,并进一步对不同文化、观念进行侵蚀与整合。NBA球员的国际化、NBA球队的国际化、NBA市场的国际化。

一、跨文化管理的含义

跨文化管理又称为"交叉文化管理(Cross Cultural Management)",即在全球化经营中,对子公司所在国的文化采取包容的管理方法,在跨文化条件下克服任何异质文化的冲突,并据以创造出企业独特的文化,从而形成卓有成效的管理过程。其目的在于最大限度地控制和利用企业的潜力与价值。

二、跨文化管理的特点

1. 人员结构多元化

人员结构一般分为母国员工、外派员工、本地员工和第三国员工。这些员工来自不同的国家或地区,有不同的文化背景,因此,语言使用、行为方式和价值取向等有很大差异。即使全新的跨文化的企业文化形成以后,这种企业文化内部在一定程度上仍然保留着特征各异的各种民族文化模式。比如,欧美管理者的风格一般是开放和直截了当的,然而亚洲员工就会觉得这种风格不舒服。同样的要求和规定,不同文化的成员很可能按照不同的行为方式执行,从而产生不同的结果。比如,同样是沉默,来自一种民族文化的成员可能以此来表示支持和理解,而来自另一种文化的人们则以此表示漠不关心,还有的文化很可能意味着反对。因此,作为一个管理者,要想与不同群体的人进行有效沟通,就必须理解他们的文化背景以及存在的差异,调整自己的沟通方式和技巧,否则,就会引起沟通障碍,影响企业的发展。

2. 经营环境的复杂性

跨文化企业所面临的经营环境除去社会制度等方面的显著差异以外,企业成员在管理目标的期望上、经营观念上、管理协调的原则上,以及管理人员的管理风格上均存在明显的差异。这些差异无形中就会导致企业管理中的混乱和冲突,使决策的执行和统一行动变得更加困难。即使建立起了新的企业文化,这种差异和困难在一定程度上仍然会继续存在。

3. 文化认同的过程性

跨文化企业中存在着差异较大甚至冲突的文化模式,跨文化企业想形成自己的企业文化不是一朝一夕的事,需要一个很长的过程。在这一过程中,所有成员都要了解对方的文化模式,进行文化沟通以消除障碍,接受企业全新的特有文化。

4. 管理难度增加

跨文化管理使得人力资源管理决策及政策的指定变得更加复杂。比如:是否要招聘本地人员；如何招聘到优秀的人才；如何培训和管理外派人员；如何激励具有不同文化背景的员工；如何协调分属不同国家的两家公司的人力资源政策等。

5. 管理风险加大

劳动关系问题是跨国企业经营的重要问题，因为各国的法律、管理体系、劳动关系的背景都不同，因此，当管理人员所采取的管理方式不为员工所接受时，就有可能导致管理失败的风险。

三、跨文化管理的模式

合并重组企业中的文化整合类型，主要由合并重组双方企业文化的强弱程度、相适应性以及战略目标共同决定。不同的企业会以不同的方式进行文化整合。根据合并重组双方企业文化的变化程度及合并重组方获得的企业控制权的深度，西方学者把合并重组企业文化整合的模式分为替代式、渗透式、分离式和消亡式。

1. 替代式文化整合模式

替代模式指被合并方完全放弃原有的价值理念和行为假设，全盘接受合并方的企业文化，使合并方获得完全的企业控制权。

这种模式整合的幅度很大，常常触及到企业根本价值观和经营哲学的转变，由于文化的稳定性特性和人们的"惯性心理"，要让被合并方员工放弃自己原来的文化而全盘接受并适应合并方的企业文化，可能是很困难的事情。因此，替代式文化整合模式可能导致剧烈的文化冲突甚至招致被合并方员工的强烈抵制，使整合面临很大的风险，但是一旦注入成功，就可以起到立竿见影的效果。

国内最经典的案例是海尔的"休克鱼疗法"。海尔作为我国家电行业中最大的企业之一，先后在全国合并了20多家企业，而海尔屡次合并成功的谋略之一就是高度重视企业文化整合，而且恰到好处地运用了替代式文化整合模式。张瑞敏作为第一位登上哈佛大学讲台的华人，他当时带去的案例就是"吃休克鱼"，被记入美国哈佛大学商学院的案例库。

2. 渗透式文化整合模式

渗透模式指合并双方在文化上互相渗透，进行不同程度的调整。在企业文化方面各有特长，谁也不能替代对方。文化的合并双方一般较适合采用渗透式文化整合模式。这种模式适用于合并双方的企业文化相似，且彼此都欣赏对方的企业文化，愿意调整原有文化中的一些弊端的情况。渗透式在理论上是一种最为理想的文化整合模式，由于双方地位平等，被合并重组企业员工较易接受，从而变革阻力较小，在整合过程中合并双方在文化上互相渗透，都进行不同程度的调整，相互学习和吸收对方文化的优点。

2002年的惠普合并康柏案中，就采取了渗透式的文化整合模式。惠普和康柏的企业文化截然不同。惠普是一个拥有60多年历史的老企业，它的企业文化是对客户忠诚、信任并尊重个人、追求卓越、重视团队精神、鼓励创造性。而康柏是一个年轻的计算机生产商。康柏的企业文化更注重以业务为导向，以快速地抢占市场为第一目标。康柏的决策迅速，经营灵活，不重程序，强调快速行动。惠普在对康柏进行企业文化整合的时候，吸收了康柏文化的精华，建立了一种更为雄厚的企业文化。这种新文化继承了惠普的诚信原则，又发扬了康柏文化中的机动灵活、决策迅速的特点。

3. 分离式文化整合模式

分离模式指被合并方的原有文化基本无改动,在文化上保持独立。在文化整合的难度和代价较大的情况下,如果能保持彼此的文化独立,避免文化冲突,反而更有利于合并重组双方的发展。这种文化整合主要适用于某些跨国公司间或者完全不相关行业之间的企业合并重组。比如,美国通用电器公司控股日本五十铃公司时,考虑到美日两个国家文化的巨大差异和五十铃独特的企业文化,通用电器公司采用了分离式的文化整合模式。

4. 消亡式文化整合模式

在这种模式中,被合并重组方既不接纳合并重组企业的文化,又放弃了自己原有文化,员工之间的文化纽带和心理契约破裂,价值观和行为也变得混乱无序,从而处于文化迷茫状态的整合情况。拜瑞和安尼斯认为,这种模式有时是合并重组方有意选择的,目的是将目标企业揉成一盘散沙以便于控制,有时却是文化整合失败导致的结果,合并重组所期望达到的预期价值化为泡影。在消亡式文化整合模式中,文化风险几乎全部由被合并重组企业承担,其前提是被合并重组企业拥有很弱的劣质文化,合并重组方能够掌控局面,否则,文化整合将彻底失败。

文化整合模式具有多样性,合并重组企业选择适合自己的文化整合模式需要考虑两个主要因素:企业合并重组战略和企业原有的文化。企业合并重组战略直接影响文化整合模式的选择。在横向合并重组战略中,合并重组方往往会将自己部分或全部的文化注入被合并重组企业以寻求经营协同效应;而在纵向一体化合并重组战略和多元化合并重组战略下,合并方对被合并方的干涉大为减少。因此,在横向合并重组时,合并重组方常常会选择替代式或渗透式文化整合模式,而在纵向合并和多元化合并时,选择分离式的可能性较大。

企业原有文化对于文化整合模式选择的影响主要表现在合并重组方对多元文化的容忍度。根据企业对于文化差异的包容性,企业文化有单一文化和多元文化两种类型。单一文化的企业力求文化的统一性。多元文化的企业不但容许多元文化存在,还对此十分赞同,甚至加以鼓励与培养。因此,一个多元文化的合并重组企业视多元文化为企业的一项财富,往往允许被合并重组者保留其自身文化;与之相反,单一文化企业强调目标、战略和管理经营的统一性,不愿意被合并重组企业拥有与之不同的文化。

四、跨文化管理的原则

对于企业来说,实施跨文化管理要注意以下五点原则:

第一,是避免偏见。外国员工对中国企业文化的评价也许褒贬不一,因此,在确立企业文化时,领导者应该学会用中性词来描述与文化相关的事物,尽力避免或消除文化偏见。文化没有好与坏之分,只有适合与不适合之分。

第二,是包容其他文化。一个跨国企业中,人们通常来自五湖四海,来自不同的文化背景,一个现代跨国经营管理者必须学会包容互不相同甚至截然相反的各种文化。

第三,是己所不欲、勿施于人。换位意识是文化管理者的必备素质,同样也是跨文化管理者的必备素质。如果一位跨国企业的经理人对自己所在的文化价值体系自视极高,坚持以自我为中心而不顾及他人感受,必将导致不良后果。毕竟,相互尊重是跨文化管理最重要的基础,也是解决一切文化冲突的前提。

第四,是注意细节。对于管理者来说,了解其他文化,并有了包容的意识和尊重的态度还不够,他还需要进一步了解其他文化的具体细节,因为对细节的处理能体现一个跨文化管理者的专业素养。

第五,是在企业核心价值观的基础上建立一种双赢的文化,达成一种平衡。这种价值观必须具有开放性、兼容性、持久性等特点,把不同地区的不同文化加以融合,以适应本地化管理的需求。

任 务 模 拟

请同学们自行选择一个企业,可以是自己实习或者兼职过的企业,对它的企业文化进行简要描述。

知 识 拓 展

分析总结将企业文化理念转化为员工行为的有效方式和措施。阅读最近3年的文献和相关商业评论,提出近几年来新型的企业文化传播方式。

本 章 练 习 题

一、选择题

1. 企业的基本特征包括(   )。
   A. 组织性   B. 经济性   C. 营利性   D. 独立性
2. 影响企业文化的因素主要有(   )。
   A. 经济背景   B. 民族文化和社会文化
   C. 行业文化   D. 企业传统
3. 企业文化的功能有(   )。
   A. 导向功能   B. 激励功能   C. 管理功能   D. 品牌功能
4. 企业家是企业文化的(   )。
   A. 领导者   B. 总结者   C. 管理者   D. 倡导者
5. 跨文化管理的特点是(   )。
   A. 人员结构单一化   B. 经营环境的一致性
   C. 文化认同的过程性   D. 管理难度增加、风险加大

二、判断题

1. 企业作为经济组织,是自给自足的自然经济组织。   （   ）
2. 企业文化集中体现了一个企业经营管理的核心主张,以及由此产生的组织行为。
                                                              （   ）
3. 企业文化的品牌功能是指它不仅会在企业内部发挥作用,对本企业员工产生影响,而且也会通过各种渠道对社会产生影响。   （   ）
4. 企业家在企业文化建设中起着核心领导作用。   （   ）

5. 跨文化管理的目的在于最大限度地控制和利用企业的潜力和价值。（　　）

三、简答题

1. 什么是企业？
2. 企业有哪些特征？
3. 企业的独立性表现在哪些方面？
4. 企业文化的功能有哪些？
5. 跨文化管理的模式有哪些？

四、论述题

请同学们自行选择一家企业，对它的企业文化进行简要描述。

附录一

中华人民共和国会计法

第一章 总 则

第一条 为了规范会计行为,保证会计资料真实、完整,加强经济管理和财务管理,提高经济效益,维护社会主义市场经济秩序,制定本法。

第二条 国家机关、社会团体、公司、企业、事业单位和其他组织(以下统称单位)必须依照本法办理会计事务。

第三条 各单位必须依法设置会计账簿,并保证其真实、完整。

第四条 单位负责人对本单位的会计工作和会计资料的真实性、完整性负责。

第五条 会计机构、会计人员依照本法规定进行会计核算,实行会计监督。

任何单位或者个人不得以任何方式授意、指使、强令会计机构、会计人员伪造、变造会计凭证、会计账簿和其他会计资料,提供虚假财务会计报告。

任何单位或者个人不得对依法履行职责、抵制违反本法规定行为的会计人员实行打击报复。

第六条 对认真执行本法,忠于职守,坚持原则,做出显著成绩的会计人员,给予精神的或者物质的奖励。

第七条 国务院财政部门主管全国的会计工作。县级以上地方各级人民政府财政部门管理本行政区域内的会计工作。

第八条 国家实行统一的会计制度。国家统一的会计制度由国务院财政部门根据本法制定并公布。

国务院有关部门可以依照本法和国家统一的会计制度制定对会计核算和会计监督有特殊要求的行业实施国家统一的会计制度的具体办法或者补充规定,报国务院财政部门审核批准;

中国人民解放军总后勤部可以依照本法和国家统一的会计制度制定军队实施国家统一的会计制度的具体办法,报国务院财政部门备案。

第二章 会 计 核 算

第九条 各单位必须根据实际发生的经济业务事项进行会计核算,填制会计凭证,登记会计账簿,编制财务会计报告。

任何单位不得以虚假的经济业务事项或者资料进行会计核算。

第十条 下列经济业务事项,应当办理会计手续,进行会计核算:

(一)款项和有价证券的收付;

(二)财物的收发、增减和使用;

(三)债权债务的发生和结算;

（四）资本、基金的增减；

（五）收入、支出、费用、成本的计算；

（六）财务成果的计算和处理；

（七）需要办理会计手续、进行会计核算的其他事项。

第十一条 会计年度自公历1月1日起至12月31日止。

第十二条 会计核算以人民币为记账本位币。

业务收支以人民币以外的货币为主的单位，可以选定其中一种货币作为记账本位币，但是编报的财务会计报告应当折算为人民币。

第十三条 会计凭证、会计账簿、财务会计报告和其他会计资料，必须符合国家统一的会计制度的规定。

使用电子计算机进行会计核算的，其软件及其生成的会计凭证、会计账簿、财务会计报告和其他会计资料，也必须符合国家统一的会计制度的规定。

任何单位和个人不得伪造、变造会计凭证、会计账簿及其他会计资料，不得提供虚假的财务会计报告。

第十四条 会计凭证包括原始凭证和记账凭证。

办理本法第十条所列的经济业务事项，必须填制或者取得原始凭证并及时送交会计机构。

会计机构、会计人员必须按照国家统一的会计制度的规定对原始凭证进行审核，对不真实、不合法的原始凭证有权不予接受，并向单位负责人报告；对记载不准确、不完整的原始凭证予以退回，并要求按照国家统一的会计制度的规定更正、补充。

原始凭证记载的各项内容均不得涂改；原始凭证有错误的，应当由出具单位重开或者更正，更正处应当加盖出具单位印章。原始凭证金额有错误的，应当由出具单位重开，不得在原始凭证上更正。记账凭证应当根据经过审核的原始凭证及有关资料编制。

第十五条 会计账簿登记，必须以经过审核的会计凭证为依据，并符合有关法律、行政法规和国家统一的会计制度的规定。会计账簿包括总账、明细账、日记账和其他辅助性账簿。

会计账簿应当按照连续编号的页码顺序登记。会计账簿记录发生错误或者隔页、缺号、跳行的，应当按照国家统一的会计制度规定的方法更正，并由会计人员和会计机构负责人（会计主管人员）在更正处盖章。

使用电子计算机进行会计核算的，其会计账簿的登记、更正，应当符合国家统一的会计制度的规定。

第十六条 各单位发生的各项经济业务事项应当在依法设置的会计账簿上统一登记、核算，不得违反本法和国家统一的会计制度的规定私设会计账簿登记核算。

第十七条 各单位应当定期将会计账簿记录与实物、款项及有关资料相互核对，保证会计账簿记录与实物及款项的实有数额相符、会计账簿记录与会计凭证的有关内容相符、会计账簿之间相对应的记录相符、会计账簿记录与会计报表的有关内容相符。

第十八条 各单位采用的会计处理方法，前后各期应当一致，不得随意变更；确有必要变更的，应当按照国家统一的会计制度的规定变更，并将变更的原情况及影响在财务会计报告中说明。

第十九条 单位提供的担保、未决诉讼等或有事项,应当按照国家统一的会计制度的规定,在财务会计报告中予以说明。

第二十条 财务会计报告应当根据经过审核的会计账簿记录和有关资料编制,并符合本法和国家统一的会计制度关于财务会计报告的编制要求、提供对象提供期限的规定;其他法律、行政法规另有规定的,从其规定。

财务会计报告由会计报表、会计报表附注和财务情况说明书组成。向不同的会计资料使用者提供的财务会计报告,其编制依据应当一致。有关法律、行政法规规定会计报表、会计报表附注和财务情况说明书须经注册会计师审计的,注册会计师及其所在的会计师事务所出具的审计报告应当随同财务会计报告一并提供。

第二十一条 财务会计报告应当由单位负责人和主管会计工作的负责人、会计机构负责人(会计主管人员)签名并盖章;设置总会计师的单位,还须由总会计师签名并盖章。

单位负责人应当保证财务会计报告真实、完整。

第二十二条 会计记录的文字应当使用中文。在民族自治地方,会计记录可以同时使用当地通用的一种民族文字。在中华人民共和国境内的外商投资企业外国企业和其他外国组织的会计记录可以同时使用一种外国文字。

第二十三条 各单位对会计凭证、会计账簿、财务会计报告和其他会计资料应当建立档案,妥善保管。会计档案的保管期限和销毁办法,由国务院财政部会同有关部门制定。

第三章 公司、企业会计核算的特别规定

第二十四条 公司、企业进行会计核算,除应当遵守本法第二章的规定外,还应当遵守本章规定。

第二十五条 公司、企业必须根据实际发生的经济业务事项,按照国家统一的会计制度的规定确认、计量和记录资产、负债、所有者权益、收入、费用、成本和利润。

第二十六条 公司、企业进行会计核算不得有下列行为:

(一)随意改变资产、负债、所有者权益的确认标准或者计量方法,虚列、多列、不列或者少列资产、负债、所有者权益;

(二)虚列或者隐瞒收入,推迟或者提前确认收入;

(三)随意改变费用、成本的确认标准或者计量方法,虚列、多列、不列或者少列费用、成本;

(四)随意调整利润的计算、分配方法,编造虚假利润或者隐瞒利润;

(五)违反国家统一的会计制度规定的其他行为。

第四章 会 计 监 督

第二十七条 各单位应当建立、健全本单位内部会计监督制度。单位内部会计监督制度应当符合下列要求:

(一)记账人员与经济业务事项和会计事项的审批人员、经办人员、财物保管人员的职责权限应当明确,并相互分离、相互制约;

(二)重大对外投资、资产处置、资金调度和其他重要经济业务事项的决策和执行的相互监督、相互制约程序应当明确;

(三)财产清查的范围、期限和组织程序应当明确;

(四)对会计资料定期进行内部审计的办法和程序应当明确。

第二十八条 单位负责人应当保证会计机构、会计人员依法履行职责,不得授意、指使、强令会计机构、会计人员违法办理会计事项。

会计机构、会计人员对违反本法和国家统一的会计制度规定的会计事项,有权拒绝办理或者按照职权予以纠正。

第二十九条 会计机构、会计人员发现会计账簿记录与实物、款项及有关资料不相符的,按照国家统一的会计制度的规定有权自行处理的,应当及时处理;无权处理的,应当立即向单位负责人报告,请求查明原因,作出处理。

第三十条 任何单位和个人对违反本法和国家统一的会计制度规定的行为,有权检举。收到检举的部门有权处理的,应当依法按照职责分工及时处理;无处理的,应当及时移送有权处理的部门处理。收到检举的部门、负责处理的部门应当为检举人保密,不得将检举人姓名和检举材料转给被检举单位和被检举人个人。

第三十一条 有关法律、行政法规规定,须经注册会计师进行审计的单位,应当向受委托的会计师事务所如实提供会计凭证、会计账簿、财务会计报告和他会计资料以及有关情况。

任何单位或者个人不得以任何方式要求或者示意注册会计师及其所在的会计师事务所出具不实或者不当的审计报告。

财政部门有权对会计师事务所出具审计报告的程序和内容进行监督。

第三十二条 财政部门对各单位的下列情况实施监督:

(一)是否依法设置会计账簿;

(二)会计凭证、会计账簿、财务会计报告和其他会计资料是否真实、完整;

(三)会计核算是否符合本法和国家统一的会计制度的规定;

(四)从事会计工作的人员是否具备从业资格。

在对前款第(二)项所列事项实施监督,发现重大违法嫌疑时,国务院财政部门及其派出机构可以向与被监督单位有经济业务往来的单位和被监督单位开立账户的金融机构查询有关情况,有关单位和金融机构应当给予支持。

第三十三条 财政、审计、税务、人民银行、证券监管、保险监管等部门应当依照有关法律、行政法规规定的职责,对有关单位的会计资料实施监督检查。

前款所列监督检查部门对有关单位的会计资料依法实施监督检查后,应当出具检查结论。有关监督检查部门已经作出的检查结论能够满足其他监督检查部门履行本部门职责需要的,其他监督检查部门应当加以利用,避免重复查账。

第三十四条 依法对有关单位的会计资料实施监督检查的部门及其工作人员对在监督检查中知悉的国家秘密和商业秘密负有保密义务。

第三十五条 各单位必须依照有关法律、行政法规的规定,接受有关监督检查部门依法实施的监督检查,如实提供会计凭证、会计账簿、财务会计报告和他会计资料以及有关情况,不得拒绝、隐匿、谎报。

第五章 会计机构和会计人员

第三十六条 各单位应当根据会计业务的需要,设置会计机构,或者在有关机构中设置会计人员并指定会计主管人员;不具备设置条件的,应当委托经批准设立从事会计代理记账业务的中介机构代理记账。

国有的和国有资产占控股地位或者主导地位的大、中型企业必须设置总会计师。总会计师的任职资格、任免程序、职责权限由国务院规定。

第三十七条 会计机构内部应当建立稽核制度。

出纳人员不得兼任稽核、会计档案保管和收入、支出、费用、债权债务账目的登记工作。

第三十八条 从事会计工作的人员,必须取得会计从业资格证书。

担任单位会计机构负责人(会计主管人员)的,除取得会计从业资格证书外,还应当具备会计师以上专业技术职务资格或者从事会计工作三年以上经历。

会计人员从业资格管理办法由国务院财政部门规定。

第三十九条 会计人员应当遵守职业道德,提高业务素质。对会计人员的教育和培训工作应当加强。

第四十条 因有提供虚假财务会计报告,做假账,隐匿或者故意销毁会计凭证、会计账簿、财务会计报告,贪污,挪用公款,职务侵占等与会计职务有关的违法行为被依法追究刑事责任的人员,不得取得或者重新取得会计从业资格证书。

除前款规定的人员外,因违法违纪行为被吊销会计从业资格证书的人员,自被吊销会计从业资格证书之日起五年内,不得重新取得会计从业资格证书。

第四十一条 会计人员调动工作或者离职,必须与接管人员办清交接手续。

一般会计人员办理交接手续,由会计机构负责人(会计主管人员)监交;会计机构负责人(会计主管人员)办理交接手续,由单位负责人监交,必要时主管单位可以派人会同监交。

第六章 法 律 责 任

第四十二条 违反本法规定,有下列行为之一的,由县级以上人民政府财政部门责令限期改正,可以对单位并处三千元以上五万元以下的罚款;对其直接负责的主管人员和其他直接责任人员,可以处二千元以上二万元以下的罚款;属于国家工作人员的,还应当由其所在单位或者有关单位依法给予行政处分:

(一)不依法设置会计账簿的;

(二)私设会计账簿的;

(三)未按照规定填制、取得原始凭证或者填制、取得的原始凭证不符合规定的;

(四)以未经审核的会计凭证为依据登记会计账簿或者登记会计账簿不符合规定的;

(五)随意变更会计处理方法的;

(六)向不同的会计资料使用者提供的财务会计报告编制依据不一致的;

(七)未按照规定使用会计记录文字或者记账本位币的;

(八)未按照规定保管会计资料,致使会计资料毁损、灭失的;

(九)未按照规定建立并实施单位内部会计监督制度或者拒绝依法实施的监督或者不如实提供有关会计资料及有关情况的;

(十)任用会计人员不符合本法规定的。

有前款所列行为之一,构成犯罪的,依法追究刑事责任。

会计人员有第一款所列行为之一,情节严重的,由县级以上人民政府财政部门吊销会计从业资格证书。

有关法律对第一款所列行为的处罚另有规定的,依照有关法律的规定办理。

第四十三条 伪造、变造会计凭证、会计账簿,编制虚假财务会计报告,构成犯罪的,依法追究刑事责任。

有前款行为,尚不构成犯罪的,由县级以上人民政府财政部门予以通报,可以对单位并处五千元以上十万元以下的罚款;对其直接负责的主管人员和其他直接责任人员,可以处三千元以上五万元以下的罚款;属于国家工作人员的,还应当由其所在单位或者有关单位依法给予撤职直至开除的行政处分;对其中的会计人员,并由县级以上人民政府财政部门吊销会计从业资格证书。

第四十四条 隐匿或者故意销毁依法应当保存的会计凭证、会计账簿、财务会计报告,构成犯罪的,依法追究刑事责任。

有前款行为,尚不构成犯罪的,由县级以上人民政府财政部门予以通报,可以对单位并处五千元以上十万元以下的罚款;对其直接负责的主管人员和其他直接责任人员,可以处三千元以上五万元以下的罚款;属于国家工作人员的,还应当由其所在单位或者有关单位依法给予撤职直至开除的行政处分;对其中的会计人员,并由县级以上人民政府财政部门吊销会计从业资格证书。

第四十五条 授意、指使、强令会计机构、会计人员及其他人员伪造、变造会计凭证、会计账簿,编制虚假财务会计报告或者隐匿、故意销毁依法应当保的会计凭证、会计账簿、财务会计报告,构成犯罪的,依法追究刑事责任;尚不构成犯罪的,可以处五千元以上五万元以下的罚款;属于国家工作人员的,还应当由其所在单位或者有关单位依法给予降级、撤职、开除的行政处分。

第四十六条 单位负责人对依法履行职责、抵制违反本法规定行为的会计人员以降级、撤职、调离工作岗位、解聘或者开除等方式实行打击报复,构成犯罪的,依法追究刑事责任;尚不构成犯罪的,由其所在单位或者有关单位依法给予行政处分。对受打击报复的会计人员,应当恢复其名誉和原有职务、级别。

第四十七条 财政部门及有关行政部门的工作人员在实施监督管理中滥用职权、玩忽职守、徇私舞弊或者泄露国家秘密、商业秘密,构成犯罪的,依法追刑事责任;尚不构成犯罪的,依法给予行政处分。

第四十八条 违反本法第三十条规定,将检举人姓名和检举材料转给被检举单位和被检举人个人的,由所在单位或者有关单位依法给予行政处分。

第四十九条 违反本法规定,同时违反其他法律规定的,由有关部门在各自职权范围内依法进行处罚。

第七章 附 则

第五十条 本法下列用语的含义:

单位负责人,是指单位法定代表人或者法律、行政法规规定代表单位行使职权的主要负责人。

国家统一的会计制度,是指国务院财政部门根据本法制定的关于会计核算、会计监督、会计机构和会计人员以及会计工作管理的制度。

第五十一条 个体工商户会计管理的具体办法,由国务院财政部门根据本法的原则另行规定。

第五十二条 本法自 2000 年 7 月 1 日起施行。

附录二

会计从业资格管理办法

第一章 总 则

第一条 为了加强会计从业资格管理,规范会计人员行为,根据《中华人民共和国会计法》(以下简称《会计法》)及相关法律的规定,制定本办法。

第二条 会计从业资格的取得和管理适用本办法。

第三条 在国家机关、社会团体、企业、事业单位和其他组织(以下统称单位)中担任会计机构负责人(会计主管)的人员,以及从事下列会计工作的人员应当取得会计从业资格:

(一)出纳;

(二)稽核;

(三)资本、基金核算;

(四)收入、支出、债权债务核算;

(五)职工薪酬、成本费用、财务成果核算;

(六)财产物资的收发、增减核算;

(七)总账;

(八)财务会计报告编制;

(九)会计机构内会计档案管理;

(十)其他会计工作。

第四条 单位不得任用(聘用)不具备会计从业资格的人员从事会计工作。

不具备会计从业资格的人员,不得从事会计工作,不得参加会计专业技术资格考试或评审、会计专业技术职务的聘任,不得申请取得会计人员荣誉证书。

第五条 除本办法另有规定外,县级以上地方人民政府财政部门负责本行政区域内的会计从业资格管理。

第六条 财政部委托中共中央直属机关事务管理局、国务院机关事务管理局按照各自权限分别负责中央在京单位的会计从业资格的管理。

新疆生产建设兵团财务局负责所属单位的会计从业资格的管理。

财政部委托铁道部负责铁路系统的会计从业资格的管理。

财政部委托中国人民解放军总后勤部、中国人民武装警察部队后勤部分别负责中国人民解放军、中国人民武装警察部队系统的会计从业资格的管理。

第二章 会计从业资格的取得

第七条 国家实行会计从业资格考试制度。

第八条 符合下列条件的人员,可以申请参加会计从业资格考试:

(一)遵守会计和其他财经法律、法规;

(二)具备良好的道德品质;

(三)具备会计专业基础知识和技能。

因有《会计法》第四十二条、第四十三条、第四十四条所列违法情形,被依法吊销会计从业资格证书的人员,自被吊销之日起5年以内不得参加会计从业资格考试,不得重新取得会计从业资格证书。

因有提供虚假财务会计报告,做假账,隐匿或者故意销毁会计凭证、会计账簿、财务会计报告,贪污、挪用公款,职务侵占等与会计职务有关的违法行为,被依法追究刑事责任的人员,不得参加会计从业资格考试,不得取得或者重新取得会计从业资格证书。

第九条 县级以上地方人民政府财政部门、新疆生产建设兵团财务局、中共中央直属机关事务管理局、国务院机关事务管理局、铁道部、中国人民解放军总后勤部、中国人民武装警察部队后勤部(以下简称会计从业资格管理机构)应当对申请参加会计从业资格考试人员的条件进行审核,符合条件的,允许其参加会计从业资格考试。

第十条 会计从业资格考试科目为:财经法规与会计职业道德、会计基础、会计电算化(或者珠算)。

会计从业资格考试大纲、考试合格标准由财政部统一制定和公布。

会计从业资格考试科目实行无纸化考试,无纸化考试题库由财政部统一组织建设。会计从业资格无纸化考试管理相关规定由财政部另行制定。

第十一条 会计从业资格各考试科目应当一次性通过。

会计从业资格管理机构应当在考试结束后及时公布考试结果,通知考试通过人员在考试结果公布之日起6个月内,到指定的会计从业资格管理机构领取会计从业资格证书。

通过会计从业资格考试的人员,应当持本人有效身份证件原件,在规定的期限内,到指定的地点领取会计从业资格证书。

通过会计从业资格考试的人员,可以委托代理人领取会计从业资格证书。代理人领取会计从业资格证书时,应当持本人和委托人的有效身份证件原件。

第十二条 各省、自治区、直辖市、计划单列市财政厅(局)(以下简称省级财政部门),新疆生产建设兵团财务局,中共中央直属机关事务管理局、国务院机关事务管理局、铁道部、中国人民解放军总后勤部、中国人民武装警察部队后勤部(以下简称中央主管单位),应当按照本办法第五条、第六条规定的管理范围,负责组织实施会计从业资格考试的下列事项:

(一)制定会计从业资格考试考务规则;

(二)组织会计从业资格考试软件系统的建设及管理;

(三)接收并管理财政部下发的会计从业资格无纸化考试题库;

(四)组织开展会计从业资格考试;

(五)监督检查会计从业资格考试考风、考纪,并依法对违规违纪行为进行处理处罚。

省级财政部门、新疆生产建设兵团财务局和中央主管单位应当根据本办法制定、公布会计从业资格考试的报考办法、考务规则、考试相关要求、报名条件和考试科目。

第十三条 会计从业资格考试收费标准按照国家物价管理部门的有关规定执行。

第十四条 财政部统一规定会计从业资格证书样式和编号规则。

省级财政部门负责本地区会计从业资格证书的印制;新疆生产建设兵团财务局和中央主管单位分别负责本部门、本系统会计从业资格证书的印制。

第十五条 会计从业资格证书是具备会计从业资格的证明文件,在全国范围内有效。

持有会计从业资格证书的人员(以下简称持证人员)不得涂改、出借会计从业资格证书。

第三章 会计从业资格管理

第十六条 持证人员应当接受继续教育,提高业务素质和会计职业道德水平。

持证人员参加继续教育采取学分制管理制度。持证人员继续教育相关规定由财政部另行制定。

第十七条 会计从业资格管理机构应当加强对持证人员继续教育工作的监督、指导。

单位应当鼓励和支持持证人员参加继续教育,保证学习时间,提供必要的学习条件。

第十八条 会计从业资格管理机构应当对开展会计人员继续教育的培训机构进行监督和指导,规范培训市场,确保培训质量。

第十九条 会计从业资格实行信息化管理。会计从业资格管理机构应当建立持证人员从业档案信息系统,及时记载、更新持证人员下列信息:

(一)持证人员的相关基础信息;

(二)持证人员从事会计工作情况;

(三)持证人员的变更、调转登记情况;

(四)持证人员换发会计从业资格证书情况;

(五)持证人员接受继续教育情况;

(六)持证人员受到表彰奖励情况;

(七)持证人员因违反会计法律、法规、规章和会计职业道德被处罚情况。

第二十条 持证人员的姓名、有效身份证件及号码、照片、学历或学位、会计专业技术职务资格、开始从事会计工作时间等基础信息,以及第十九条第(五)和第(六)项内容发生变化的,应当持相关有效证明和会计从业资格证书,到所属会计从业资格管理机构办理从业档案信息变更。会计从业资格管理机构应当在核实相关信息后,为持证人员办理从业档案信息变更。

持证人员的其他相关信息发生变化的,应当登录所属会计从业资格管理机构指定网站进行信息变更,也可以到所属会计从业资格管理机构办理。

第二十一条 持证人员所属会计从业资格管理机构发生变化的,应当及时办理调转登记手续。

持证人员所属会计从业资格管理机构在各省级财政部门、新疆生产建设兵团财务局、中央主管单位各自管辖范围内发生变化的,应当持会计从业资格证书、工作证明(或户籍证明、居住证明)到调入地所属会计从业资格管理机构办理调转登记。

持证人员所属会计从业资格管理机构在各省级财政部门、新疆生产建设兵团财务局、中央主管单位管辖范围之间发生变化的,应当及时填写调转登记表,持会计从业资格证书,到原会计从业资格管理机构办理调出手续。持证人员应当自办理调出手续之日起3个月内,持会计从业资格证书、调转登记表和在调入地的工作证明(或户籍证明、居住证明),到调入地会计从业资格管理机构办理调入手续。

第二十二条 持证人员应当妥善保管会计从业资格证书。如有遗失,持证人员应当在履行公告程序后,填写补发申请表,持有关证明材料,向所属会计从业资格管理机构申请补发会计从业资格证书。会计从业资格管理机构核实无误后,应当自受理之日起20个工作日内予以补发。

如有毁损,持证人员应当填写补发申请表,持毁损证书原件,向所属会计从业资格管理机构申请补发会计从业资格证书。会计从业资格管理机构核实无误后,应当自受理之日起20个工作日内予以补发。

第二十三条 会计从业资格证书实行6年定期换证制度。

持证人员应当在会计从业资格证书到期前6个月内,填写定期换证登记表,持有效身份证件原件和会计从业资格证书,到所属会计从业资格管理机构办理换证手续。

第二十四条 有下列情形之一的,会计从业资格管理机构可以撤销持证人员的会计从业资格:

(一)会计从业资格管理机构工作人员滥用职权、玩忽职守,作出给予持证人员会计从业资格决定的;

(二)超越法定职权或者违反法定程序,作出给予持证人员会计从业资格决定的;

(三)对不具备会计从业资格的人员,作出给予会计从业资格决定的。

持证人员以欺骗、贿赂、舞弊等不正当手段取得会计从业资格的,会计从业资格管理机构应当撤销其会计从业资格。

第二十五条 持证人员具有下列情形之一的,会计从业资格管理机构应当注销其会计从业资格:

(一)死亡或者丧失行为能力的;

(二)会计从业资格被依法吊销的。

第二十六条 会计从业资格管理机构应当将领取会计从业资格证书和办理会计从业资格证书换发、调转、变更登记的条件、程序、期限以及需要提交的材料和相关申请登记表格示范文本等在办公场所公示,或者在会计从业资格管理机构指定网站进行公示。相关申请登记表格示范文本应当置放于会计从业资格管理机构办公场所,免费提供,或者由申请人从会计从业资格管理机构指定网站下载。

第二十七条 会计从业资格管理机构应当对下列情况实施监督检查:

(一)从事会计工作的人员持有会计从业资格证书情况;

(二)持证人员换发、调转、变更登记会计从业资格证书情况;

(三)持证人员从事会计工作和执行国家统一的会计制度情况;

(四)持证人员遵守会计职业道德情况;

(五)持证人员接受继续教育情况。

会计从业资格管理机构在实施监督检查时,持证人员应当如实提供有关情况和材料,有关单位应当予以配合。

第二十八条 单位和个人对违反本办法规定的行为有权检举,会计从业资格管理机构应当及时核实、处理,并为检举人保密。

第二十九条 持证人员对会计从业资格管理机构的处理处罚决定,享有陈述权、申辩权;有权依法申请行政复议或者提起行政诉讼。

第四章 法 律 责 任

第三十条 参加会计从业资格考试舞弊的,2年内不得参加会计从业资格考试,由会计从业资格管理机构取消其考试成绩,已取得会计从业资格的,由会计从业资格管理机构撤销其会计从业资格。

第三十一条 持证人员具有下列情形之一的,由会计从业资格管理机构责令其限期改正:

(一)不参加继续教育或参加继续教育未取得规定学分的;

(二)未按照本办法规定办理调转登记的;

(三)未按照本办法规定进行信息更新的。

第三十二条 会计从业资格管理机构及其工作人员在实施会计从业资格管理中滥用职权、玩忽职守、徇私舞弊的,依法给予处分。构成犯罪的,依法追究刑事责任。

第三十三条 会计从业资格管理机构工作人员违反本办法第二十八条规定,将检举人姓名和检举材料转给被检举单位或个人,或者将应当保密的检举信息对外泄露的,由所在单位或者有关单位依法给予处分。构成犯罪的,依法追究刑事责任。

第五章 附 则

第三十四条 省级财政部门、新疆生产建设兵团财务局和中央主管单位可以根据本办法制定具体实施办法,报财政部备案。

第三十五条 香港特别行政区、澳门特别行政区、台湾地区居民和外国居民在境内取得会计从业资格及相关管理适用本办法。

第三十六条 本办法施行之日前已被聘任为高级会计师或者从事会计工作满20年,且年满50周岁、目前尚在从事会计工作的,经本人申请并提供单位证明等相关材料,会计从业资格管理机构核实无误后,发给会计从业资格证书。

取得注册会计师证书,目前尚在从事会计工作的,经本人申请并提供单位证明等相关材料,会计从业资格管理机构核实无误后,发给会计从业资格证书。

第三十七条 本办法自2013年7月1日起施行。财政部2005年1月22日发布的《会计从业资格管理办法》(财政部令第26号)同时废止。

附录三

中华人民共和国个人所得税法

第一条 在中国境内有住所,或者无住所而在境内居住满一年的个人,从中国境内和境外取得的所得,依照本法规定缴纳个人所得税。

在中国境内无住所又不居住或者无住所而在境内居住不满一年的个人,从中国境内取得的所得,依照本法规定缴纳个人所得税。

第二条 下列各项个人所得,应纳个人所得税:

一、工资、薪金所得;

二、个体工商户的生产、经营所得;

三、对企事业单位的承包经营、承租经营所得;

四、劳务报酬所得;

五、稿酬所得;

六、特许权使用费所得;

七、利息、股息、红利所得;

八、财产租赁所得;

九、财产转让所得;

十、偶然所得;

十一、经国务院财政部门确定征税的其他所得。

第三条 个人所得税的税率:

一、工资、薪金所得,适用超额累进税率,税率为百分之三至百分之四十五(税率表附后)。

二、个体工商户的生产、经营所得和对企事业单位的承包经营、承租经营所得,适用百分之五至百分之三十五的超额累进税率(税率表附后)。

三、稿酬所得,适用比例税率,税率为百分之二十,并按应纳税额减征百分之三十。

四、劳务报酬所得,适用比例税率,税率为百分之二十。对劳务报酬所得一次收入畸高的,可以实行加成征收,具体办法由国务院规定。

五、特许权使用费所得,利息、股息、红利所得,财产租赁所得,财产转让所得,偶然所得和其他所得,适用比例税率,税率为百分之二十。

第四条 下列各项个人所得,免纳个人所得税:

一、省级人民政府、国务院部委和中国人民解放军军以上单位,以及外国组织、国际组织颁发的科学、教育、技术、文化、卫生、体育、环境保护等方面的奖金;

二、国债和国家发行的金融债券利息;

三、按照国家统一规定发给的补贴、津贴;

四、福利费、抚恤金、救济金;

五、保险赔款；

六、军人的转业费、复员费；

七、按照国家统一规定发给干部、职工的安家费、退职费、退休工资、离休工资、离休生活补助费；

八、依照我国有关法律规定应予免税的各国驻华使馆、领事馆的外交代表、领事官员和其他人员的所得；

九、中国政府参加的国际公约、签订的协议中规定免税的所得；

十、经国务院财政部门批准免税的所得。

第五条 有下列情形之一的，经批准可以减征个人所得税：

一、残疾、孤老人员和烈属的所得；

二、因严重自然灾害造成重大损失的；

三、其他经国务院财政部门批准减税的。

第六条 应纳税所得额的计算：

一、工资、薪金所得，以每月收入额减除费用三千五百元后的余额，为应纳税所得额。

二、个体工商户的生产、经营所得，以每一纳税年度的收入总额减除成本、费用以及损失后的余额，为应纳税所得额。

三、对企事业单位的承包经营、承租经营所得，以每一纳税年度的收入总额，减除必要费用后的余额，为应纳税所得额。

四、劳务报酬所得、稿酬所得、特许权使用费所得、财产租赁所得，每次收入不超过四千元的，减除费用八百元；四千元以上的，减除百分之二十的费用，其余额为应纳税所得额。

五、财产转让所得，以转让财产的收入额减除财产原值和合理费用后的余额，为应纳税所得额。

六、利息、股息、红利所得，偶然所得和其他所得，以每次收入额为应纳税所得额。

个人将其所得对教育事业和其他公益事业捐赠的部分，按照国务院有关规定从应纳税所得中扣除。

对在中国境内无住所而在中国境内取得工资、薪金所得的纳税义务人和在中国境内有住所而在中国境外取得工资、薪金所得的纳税义务人，可以根据其平均收入水平、生活水平以及汇率变化情况确定附加减除费用，附加减除费用适用的范围和标准由国务院规定。

第七条 纳税义务人从中国境外取得的所得，准予其在应纳税额中扣除已在境外缴纳的个人所得税税额。但扣除额不得超过该纳税义务人境外所得依照本法规定计算的应纳税额。

第八条 个人所得税，以所得人为纳税义务人，以支付所得的单位或者个人为扣缴义务人。个人所得超过国务院规定数额的，在两处以上取得工资、薪金所得或者没有扣缴义务人的，以及具有国务院规定的其他情形的，纳税义务人应当按照国家规定办理纳税申报。扣缴义务人应当按照国家规定办理全员全额扣缴申报。

第九条 扣缴义务人每月所扣的税款，自行申报纳税人每月应纳的税款，都应当在次月十五日内缴入国库，并向税务机关报送纳税申报表。

工资、薪金所得应纳的税款，按月计征，由扣缴义务人或者纳税义务人在次月十五日内缴入国库，并向税务机关报送纳税申报表。特定行业的工资、薪金所得应纳的税款，可以实行按年计算、分月预缴的方式计征，具体办法由国务院规定。

个体工商户的生产、经营所得应纳的税款,按年计算,分月预缴,由纳税义务人在次月十五日内预缴,年度终了后三个月内汇算清缴,多退少补。

对企事业单位的承包经营、承租经营所得应纳的税款,按年计算,由纳税义务人在年度终了后三十日内缴入国库,并向税务机关报送纳税申报表。纳税义务人在一年内分次取得承包经营、承租经营所得的,应当在取得每次所得后的十五日内预缴,年度终了后三个月内汇算清缴,多退少补。

从中国境外取得所得的纳税义务人,应当在年度终了后三十日内,将应纳的税款缴入国库,并向税务机关报送纳税申报表。

第十条 各项所得的计算,以人民币为单位。所得为外国货币的,按照国家外汇管理机关规定的外汇牌价折合成人民币缴纳税款。

第十一条 对扣缴义务人按照所扣缴的税款,付给百分之二的手续费。

第十二条 对储蓄存款利息所得开征、减征、停征个人所得税及其具体办法,由国务院规定。

第十三条 个人所得税的征收管理,依照《中华人民共和国税收征收管理法》的规定执行。

第十四条 国务院根据本法制定实施条例。

第十五条 本法自公布之日起施行。

个人所得税税率表一
(工资、薪金所得适用)

级数	全月应纳税所得额	税率(%)
1	不超过1 500元的	3
2	超过1 500元至4 500元的部分	10
3	超过4 500元至9 000元的部分	20
4	超过9 000元至35 000元的部分	25
5	超过35 000元至55 000元的部分	30
6	超过55 000元至80 000元的部分	35
7	超过80 000元的部分	45

(注:本表所称全月应纳税所得额是指依照本法第六条的规定,以每月收入额减除费用三千五百元以及附加减除费用后的余额。)

个人所得税税率表二
(个体工商户的生产、经营所得和对企事业单位的承包经营、承租经营所得适用)

级数	全月应纳税所得额	税率(%)
1	不超过15 000元的	5
2	超过15 000元至30 000元的部分	10
3	超过30 000元至60 000元的部分	20
4	超过60 000元至100 000元的部分	30
5	超过100 000元的部分	35

(注:本表所称全年应纳税所得额是指依照本法第六条的规定,以每一纳税年度的收入总额减除成本、费用以及损失后的余额。)

附录四

企业会计准则——基本准则

（2006年2月15日财政部令第33号公布，自2007年1月1日起施行。2014年7月23日根据《财政部关于修改〈企业会计准则——基本准则〉的决定》修改）

第一章 总 则

第一条 为了规范企业会计确认、计量和报告行为，保证会计信息质量，根据《中华人民共和国会计法》和其他有关法律、行政法规，制定本准则。

第二条 本准则适用于在中华人民共和国境内设立的企业（包括公司，下同）。

第三条 企业会计准则包括基本准则和具体准则，具体准则的制定应当遵循本准则。

第四条 企业应当编制财务会计报告（又称财务报告，下同）。财务会计报告的目标是向财务会计报告使用者提供与企业财务状况、经营成果和现金流量等有关的会计信息，反映企业管理层受托责任履行情况，有助于财务会计报告使用者作出经济决策。

财务会计报告使用者包括投资者、债权人、政府及其有关部门和社会公众等。

第五条 企业应当对其本身发生的交易或者事项进行会计确认、计量和报告。

第六条 企业会计确认、计量和报告应当以持续经营为前提。

第七条 企业应当划分会计期间，分期结算账目和编制财务会计报告。

会计期间分为年度和中期。中期是指短于一个完整的会计年度的报告期间。

第八条 企业会计应当以货币计量。

第九条 企业应当以权责发生制为基础进行会计确认、计量和报告。

第十条 企业应当按照交易或者事项的经济特征确定会计要素。会计要素包括资产、负债、所有者权益、收入、费用和利润。

第十一条 企业应当采用借贷记账法记账。

第二章 会计信息质量要求

第十二条 企业应当以实际发生的交易或者事项为依据进行会计确认、计量和报告，如实反映符合确认和计量要求的各项会计要素及其他相关信息，保证会计信息真实可靠、内容完整。

第十三条 企业提供的会计信息应当与财务会计报告使用者的经济决策需要相关，有助于财务会计报告使用者对企业过去、现在或者未来的情况作出评价或者预测。

第十四条 企业提供的会计信息应当清晰明了，便于财务会计报告使用者理解和使用。

第十五条 企业提供的会计信息应当具有可比性。

同一企业不同时期发生的相同或者相似的交易或者事项，应当采用一致的会计政策，不得随意变更。确需变更的，应当在附注中说明。

不同企业发生的相同或者相似的交易或者事项,应当采用规定的会计政策,确保会计信息口径一致、相互可比。

第十六条 企业应当按照交易或者事项的经济实质进行会计确认、计量和报告,不应仅以交易或者事项的法律形式为依据。

第十七条 企业提供的会计信息应当反映与企业财务状况、经营成果和现金流量等有关的所有重要交易或者事项。

第十八条 企业对交易或者事项进行会计确认、计量和报告应当保持应有的谨慎,不应高估资产或者收益、低估负债或者费用。

第十九条 企业对于已经发生的交易或者事项,应当及时进行会计确认、计量和报告,不得提前或者延后。

第三章 资 产

第二十条 资产是指企业过去的交易或者事项形成的、由企业拥有或者控制的、预期会给企业带来经济利益的资源。

前款所指的企业过去的交易或者事项包括购买、生产、建造行为或其他交易或者事项。预期在未来发生的交易或者事项不形成资产。

由企业拥有或者控制,是指企业享有某项资源的所有权,或者虽然不享有某项资源的所有权,但该资源能被企业所控制。

预期会给企业带来经济利益,是指直接或者间接导致现金和现金等价物流入企业的潜力。

第二十一条 符合本准则第二十条规定的资产定义的资源,在同时满足以下条件时,确认为资产:

(一)与该资源有关的经济利益很可能流入企业;
(二)该资源的成本或者价值能够可靠地计量。

第二十二条 符合资产定义和资产确认条件的项目,应当列入资产负债表;符合资产定义、但不符合资产确认条件的项目,不应当列入资产负债表。

第四章 负 债

第二十三条 负债是指企业过去的交易或者事项形成的、预期会导致经济利益流出企业的现时义务。

现时义务是指企业在现行条件下已承担的义务。未来发生的交易或者事项形成的义务,不属于现时义务,不应当确认为负债。

第二十四条 符合本准则第二十三条规定的负债定义的义务,在同时满足以下条件时,确认为负债:

(一)与该义务有关的经济利益很可能流出企业;
(二)未来流出的经济利益的金额能够可靠地计量。

第二十五条 符合负债定义和负债确认条件的项目,应当列入资产负债表;符合负债定义、但不符合负债确认条件的项目,不应当列入资产负债表。

第五章　所有者权益

第二十六条　所有者权益是指企业资产扣除负债后由所有者享有的剩余权益。

公司的所有者权益又称为股东权益。

第二十七条　所有者权益的来源包括所有者投入的资本、直接计入所有者权益的利得和损失、留存收益等。

直接计入所有者权益的利得和损失，是指不应计入当期损益、会导致所有者权益发生增减变动的、与所有者投入资本或者向所有者分配利润无关的利得或者损失。

利得是指由企业非日常活动所形成的、会导致所有者权益增加的、与所有者投入资本无关的经济利益的流入。

损失是指由企业非日常活动所发生的、会导致所有者权益减少的、与向所有者分配利润无关的经济利益的流出。

第二十八条　所有者权益金额取决于资产和负债的计量。

第二十九条　所有者权益项目应当列入资产负债表。

第六章　收　　入

第三十条　收入是指企业在日常活动中形成的、会导致所有者权益增加的、与所有者投入资本无关的经济利益的总流入。

第三十一条　收入只有在经济利益很可能流入从而导致企业资产增加或者负债减少、且经济利益的流入额能够可靠计量时才能予以确认。

第三十二条　符合收入定义和收入确认条件的项目，应当列入利润表。

第七章　费　　用

第三十三条　费用是指企业在日常活动中发生的、会导致所有者权益减少的、与向所有者分配利润无关的经济利益的总流出。

第三十四条　费用只有在经济利益很可能流出从而导致企业资产减少或者负债增加、且经济利益的流出额能够可靠计量时才能予以确认。

第三十五条　企业为生产产品、提供劳务等发生的可归属于产品成本、劳务成本等的费用，应当在确认产品销售收入、劳务收入等时，将已销售产品、已提供劳务的成本等计入当期损益。

企业发生的支出不产生经济利益的，或者即使能够产生经济利益但不符合或者不再符合资产确认条件的，应当在发生时确认为费用，计入当期损益。

企业发生的交易或者事项导致其承担了一项负债而又不确认为一项资产的，应当在发生时确认为费用，计入当期损益。

第三十六条　符合费用定义和费用确认条件的项目，应当列入利润表。

第八章　利　　润

第三十七条　利润是指企业在一定会计期间的经营成果。利润包括收入减去费用后的净额、直接计入当期利润的利得和损失等。

第三十八条 直接计入当期利润的利得和损失,是指应当计入当期损益、会导致所有者权益发生增减变动的、与所有者投入资本或者向所有者分配利润无关的利得或者损失。

第三十九条 利润金额取决于收入和费用、直接计入当期利润的利得和损失金额的计量。

第四十条 利润项目应当列入利润表。

第九章 会计计量

第四十一条 企业在将符合确认条件的会计要素登记入账并列报于会计报表及其附注(又称财务报表,下同)时,应当按照规定的会计计量属性进行计量,确定其金额。

第四十二条 会计计量属性主要包括:

(一)历史成本。在历史成本计量下,资产按照购置时支付的现金或者现金等价物的金额,或者按照购置资产时所付出的对价的公允价值计量。负债按照因承担现时义务而实际收到的款项或者资产的金额,或者承担现时义务的合同金额,或者按照日常活动中为偿还负债预期需要支付的现金或者现金等价物的金额计量。

(二)重置成本。在重置成本计量下,资产按照现在购买相同或者相似资产所需支付的现金或者现金等价物的金额计量。负债按照现在偿付该项债务所需支付的现金或者现金等价物的金额计量。

(三)可变现净值。在可变现净值计量下,资产按照其正常对外销售所能收到现金或者现金等价物的金额扣减该资产至完工时估计将要发生的成本、估计的销售费用以及相关税费后的金额计量。

(四)现值。在现值计量下,资产按照预计从其持续使用和最终处置中所产生的未来净现金流入量的折现金额计量。负债按照预计期限内需要偿还的未来净现金流出量的折现金额计量。

(五)公允价值。在公允价值计量下,资产和负债按照市场参与者在计量日发生的有序交易中,出售资产所能收到或者转移负债所需支付的价格计量。

第四十三条 企业在对会计要素进行计量时,一般应当采用历史成本,采用重置成本、可变现净值、现值、公允价值计量的,应当保证所确定的会计要素金额能够取得并可靠计量。

第十章 财务会计报告

第四十四条 财务会计报告是指企业对外提供的反映企业某一特定日期的财务状况和某一会计期间的经营成果、现金流量等会计信息的文件。

财务会计报告包括会计报表及其附注和其他应当在财务会计报告中披露的相关信息和资料。会计报表至少应当包括资产负债表、利润表、现金流量表等报表。

小企业编制的会计报表可以不包括现金流量表。

第四十五条 资产负债表是指反映企业在某一特定日期的财务状况的会计报表。

第四十六条 利润表是指反映企业在一定会计期间的经营成果的会计报表。

第四十七条 现金流量表是指反映企业在一定会计期间的现金和现金等价物流入和流出的会计报表。

第四十八条 附注是指对在会计报表中列示项目所作的进一步说明,以及对未能在这些报表中列示项目的说明等。

第十一章 附 则

第四十九条 本准则由财政部负责解释。

第五十条 本准则自 2007 年 1 月 1 日起施行。